김영욱 지음

왕초보 육조단경 박사 되다

민족사

왕초보 육조단경박사 되다

《육조단경》, 무엇을 읽어내야 할까?

　《육조단경》의 요지를 초보자들에게 전달하기 위하여 서술하는 이 책은 전문적인 깊이를 지향하지 않습니다. 하지만 전문적인 내용과 일반 독자들이 쉽게 읽을 수 있는 형식의 글이 근본적으로 다르지는 않습니다. 전달하려는 진실은 동일하기 때문입니다.

　쉽게 풀어쓰기 위해 본질이 흐려지거나 요소가 누락된다면 그것은 오로지 필자의 불성실과 무지를 탓할 수밖에 없습니다. 쉽게 읽히건, 많이 헤아려야 이해할 수 있건 문제는 그 글에 진실이 담겨 있어야 한다는 것입니다.

　아무리 어려워도 진실이 들어 있기만 하면 초보 앞에서

도 언젠가는 열릴 날이 있습니다. 하지만 쉽게 읽혀지는 글일지라도 오로지 그 목적을 위해 허풍과 거짓을 슬쩍 끼워 놓으면 결국은 잊히게 될 뿐입니다. 그것은 무거운 뿌리와 굵은 줄기를 잘라내고 자잘한 가지만 모아 가볍게 짊어지는 꼴과 다르지 않습니다.

필자는 오로지 옳은 것만이 마지막까지 살아남는 법이라고 믿습니다. 애매하고 고답적인 문투와 개념 때문에 필자 스스로 미궁에서 헤맬 뿐만 아니라 독자들까지 길을 잃게 만드는 경우도 적지 않습니다.

반면에 필자나 독자가 서로 공유하고 누구도 부정할 수 없는 명백한 논리를 담았더라도 진실을 만족시킬 수 없는 경우 또한 무수히 많습니다. 따라가기 쉽게 쓴 책이거나 어려운 형식의 글이거나 진실이라는 과녁을 빗나간다면, 본래 실려 있는 혼을 갉아먹는 어리석음을 범하게 될 것입니다.

진실에 충실하고자 하는 한 어떤 필자도 맛있는 부분만 쏙쏙 빼어내어 독자의 입에 넣어 줄 수는 없습니다. 자기 자신의 생각으로 다져지지 않는다면 책을 덮는 순간 기억에서 사라지게 됩니다.

　이 책에 참여하는 독자들도《육조단경》의 내용에 대하여 능동적으로 사고하고 상상해 보시기를 기대합니다. 특히 첫 부분에 해당하는 '혜능 이야기'는《육조단경》의 원천이자 혜능 선사상의 모태가 되기 때문에 이에 대한 이해를《육조단경》전체의 비밀을 푸는 열쇠로 삼으시기 바랍니다.

차례

읽기에 앞서

일하는 부처의 책, 《육조단경》

한 사람의 현재 그 모습은 살아왔던 나날들을 비추는 거울과 같습니다. 《육조단경》의 주인공 6조 혜능(慧能)도 오로지 자신이 살았던 삶의 테두리 안에서 그만의 생각과 수행법을 발견하여 다듬었습니다.

그는 유년기부터 생계를 유지하기 위해 고달픈 일상생활에 젖어 살았습니다. 그 뒤 출가하여 절의 행자로서 방앗간에서 노무에 종사했습니다. 그 하루하루의 생활을 통하여 자연스럽게 우러나왔던 발걸음과 다져왔던 생각이 그의 수행법과 선사상으로 변환되었던 것입니다.

나날이 이어진 일상과 그의 선사상을 두고 어느 편이 근본인지 따지는 시도는 무의미합니다. 이 두 가지는 서로를 키우는 자양분이 되어왔기 때문입니다. 선사로서의 6조가 보이는 핵심적인 면모를 제대로 알려면 반드시 그가 축적해온 일상의 몸놀림을 살펴야 합니다. 그것을 고려하지 않고 '돈오(頓悟)'다 '점수(漸修)'다 다투는 논쟁은 이념에 중독된 자들의 구분법일 뿐입니다. 동시에 그것은 알갱이는 빼고 껍데기만 남겨 두는 냉혹한 논리에 불과합니다.

다른 한편, 6조의 사상과 수행법을 고려하지 않고 그의 삶에 나타난 장면들만 묘사하려 한다면 산만하고 무미건조한 나열에 그치고 말 것입니다.

《육조단경》은 6조 혜능의 행적과 구도 과정 그리고 갖가지 법문과 문답을 수록한 책입니다. 달리 말하면《육조단경》은 6조의 자서전적인 일대기와 법어집입니다. 여기에는 후대에 유행하는 조사 어록의 성격을 나타내는 측면도 있습니다.

조사는 아득히 먼 이상의 나라에 존재하는 성인이나 신선이 아닙니다. 평범한 사람들이 일상을 영위하는 그 자리에 함께 있는 현장의 부처이자 보살이 바로 조사입니다. 그는 세속과 떨어진 고요하고 외진 곳에 살며 피안을 동경하지 않습니다. 그가 추구하는 세계는 시종일관 일 속에 몸을 던지고 살아가는 평범한 현장입니다.

혜능은 불문에 들어온 초기에 수행만 하도록 허용된 전문 수행가의 생활을 누리지 못했습니다. 그럼에도 불구하고 깨닫는 과정에서 보여 준 평상적인 모습에서 사람들은 열광했고 제각각 성불의 희망을 품을 수 있었던 것입니다.

《육조단경》은 북종선에 대한 남종선의 우월성 그리고 점수보다 현실적으로 다가왔던 돈오를 내세웠습니다. 당시 굳게 눌러앉았던 좌선 위주의 점수를 극복하고자 돈오를 세상에 전했습니다. 경전의 문자와 선방의 좌선에 모두 무관했던 혜능은 이 돈오의 전령으로서 충분한 본보기가 되었습니다.

《육조단경》에는 특정한 경전의 확고부동한 이념은 없습니다. 또한 엄격한 계율상의 조목이 중심으로 자리잡고 있지도 않습니다. 그렇다고 하여 스승을 죽이거나 부처를 쳐부수는 조사선의 칼날도 드러나 있지 않습니다. 그러나 여기에는 경전도 적절한 한계에서 수용되어 있고 조사의 칼을 만드는 원초적 소재와 수단도 숨어 있습니다. 교(敎)와 선(禪)이 모두 녹아들어 있지만 무엇보다 선의 흐름을 획기적으로 전환하는 에너지가 《육조단경》을 여타의 문헌과 구별지었습니다.

《육조단경》에서 혜능은 한 마리의 용과 같이 걸출한 선사로 나타납니다. 고요한 참선의 경계에 떨어져 요지부동하는 선사는 썩은 물에 잠들어 있는 용과 다르지 않습니다. 하지만 혜능이라는 용은 썩은 물에 머물지 않습니다. 혜능을 기점으로 하여 선법은 일상의 현장에 이식되어 곳곳에서 자라는 활력을 얻게 되었습니다.

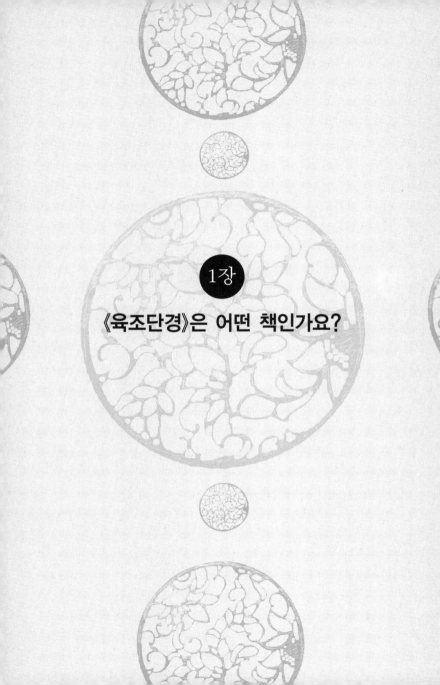

1장

《육조단경》은 어떤 책인가요?

1.《육조단경》의 출현과 그 변신

　《육조단경》에는 몇 가지 다른 판본이 있습니다. 현존하는 가장 오래된 《육조단경》은 중국 돈황(敦煌)의 석굴(막고굴)에서 발굴된 8세기경의 필사본입니다. 그것을 기초로 후대에 첨삭된 몇 가지 판본이 있습니다.

　일반 독자들에게 가장 많이 알려진 《육조단경》은 돈황본을 원본으로 삼아 내용과 형식을 바꾼 성과물입니다. 그것이 세상에 많이 퍼져 유통된다고 하여 '유포본'이라고 합니다. 유포본은 돈황본에 비하여 내용은 거의 두 배에 가깝게 늘어났고, 선사상의 측면에서도 적지 않은 첨삭을 거쳤습니다.

돈황본을 비롯하여 대승사본(大乘寺本)·홍성사본(興聖寺本)·덕이본(德異本)·종보본(宗寶本) 등이 있습니다. 그중 덕이본과 종보본이 유포본에 속합니다. 《육조단경》이 몇 번의 변화를 겪으면서 혜능(638~713)이라는 주인공도 그 실재했던 모습에서 그것을 새롭게 엮었던 사람들의 관심에 따라 창안되었습니다. 여기에는 당연히 당시 선사상의 주요한 흐름이 반영되어 그 책을 만드는 방향을 결정했던 것입니다.

이러한 변화가 이 문헌과 그 주인공의 가치를 깎아먹는 결과를 초래하지는 않습니다. 그것은 혜능이라는 선사에 대하여 거듭 가해지는 재해석입니다. 이를 통하여 이전에 발견하지 못했던 부분이 읽혀지면서 오히려 그 위대함을 증폭시켰습니다. 그 당시 선사상과 바람들이 혜능이라는 인물 속에 고스란히 녹아 들어가 있습니다. 이 때문에 어떤 흐름이 선종의 실천적·사상적 변화를 좌우했는지를 판단하는 기준으로 이 책과 비교할 대상은 없습니다.

이처럼 때때로 어떤 역사의 흐름을 통제하는 인물 중에는 후대의 요망이 덧붙여져 전혀 다른 모습으로 등장하는 경우도 많습니다. 선종의 최초 조사 달마대사도 이런 경우에 해당합니다. 그것은 허구에 그치지 않고 좀더 나은 미래를 지향하려는 창조적 사유의 결과물입니다. 하나의 역사에 획을 그은 인물이 굳어진 이미지로 남아 있지 않고 그때마다 새로운 모습으로 약동하도록 만드는 작업은 후손들의 의무입니다. 또한 그러한 변신은 그들의 운명일 수밖에 없습니다.

《육조단경》은 북종선을 비롯한 선대의 선법에서 특히 좌선에 편향된 점을 비판하면서 성립되었습니다. 그러나 이전의 선사상을 계승한 측면도 적지 않습니다. 다만 남종선으로서의 특징을 분명하게 부각시키기 위하여 그러한 측면을 표면에 드러내지 않고 있을 뿐입니다.

선종사에서 북종비판의 가장 선봉에 서 있었던 신회(神會)는 《육조단경》의 탄생에 깊이 관여했습니다. 실제로 그는 혜능을 6조로 부각시키면서 남종선을 정착시킨 인물입니다. 이 때문에 돈오가 신회의 선법에 중심으로 자리잡은 것은 자연스럽습니다. 신회의 여러 작품은 《육조단경》과 그 전체적인 방향이 유사합니다. 무엇보다 좌선비판과 지혜를 강조하는 부분은 그가 6조 혜능의 혈족임을 증명합니다.

신회가 강조하는 지(知)도 좌선비판의 산물로서《육조단경》의 혜(慧)와 일치합니다. 신회가 개시한 남종선의 기저에는 '지혜의 작용'을 부각시키는 중요한 단서들이 있습니다.《육조단경》의 변화에 관여했던 후대의 인물들은 이것을 심화시켰습니다. 신회는 좌선 중심의 선법을 강렬하게 비판한 결과로 지(知)를 강조했던 것입니다.《육조단경》의 편집자들은 신회의 이 선법을 부각시켰습니다.

그러나 그에게는 구체적인 경계에 뛰어들어 깨달음을 발휘하는 면모는 미미하다고 판단했습니다. 이러한 측면 때문에 신회는《육조단경》에서 혜능의 제자로 등장하지만 비정통으로 묘사되어 있습니다.

돈황본을《육조단경》의 원본으로 가정할 경우 돈황본 이후의 변화에는 선사상의 추세가 반영되어 있습니다. 특히 돈황본으로부터 일정한 내용이 어떤 이유로 첨삭되었는지 규명하는 작업은《육조단경》의 본질을 밝히는 데 풍부한 상상력을 제공할 것입니다.《육조단경》자체의 이러한 변신은 선사상이 점차로 혁신되면서 남종선의 교과서라 할 수 있는 이 책도 수정하지 않을 수 없었기 때문입니다.

2. 제목에 담긴 뜻

지금 우리가 부르는 《육조단경》이라는 말은 본래의 긴 제목을 줄인 명칭입니다. 판본마다 제목이 다르지만 공통적으로 《육조단경》이라 부릅니다. 그 제목에 이 책의 중심이 되는 선사상과 종파에 대한 중요한 정보가 들어 있습니다. 이 본래 제목에 담긴 뜻을 간략히 소개해 드리겠습니다.

우선 가장 오래된 돈황본의 제목은 "남종 돈교 최상대승 마하반야바라밀경 육조혜능대사 어소주대범사 시법단경(南宗頓敎最上大乘摩訶般若波羅蜜經六祖慧能大師於韶州大梵寺施法壇經)"이라고 합니다. 순서대로 한 단어씩 풀면 다음과 같습니다.

첫째, 남종(南宗)이란 선종의 두 종파 중 하나로 북종(北宗)과 대칭되는 명칭입니다. 선사상의 개혁으로 선종은 남종선과 북종선으로 갈라집니다. 남종선이 그 변화의 주도권을 쥐고 있고 《육조단경》은 이 남종선의 종지를 전하는 문헌이라는 뜻이 됩니다. 《육조단경》에는 이 책을 전수받지 않으면 남종의 제자가 아니라고 했습니다. 《육조단경》은 남종을 정통으로 계승한 징표인 것입니다. 북종선 비판을 매개로 남종선을 확립하려는 《육조단경》의 근본 과제가 제목에 반영되어 있습니다.

둘째, 돈교(頓敎)란 남종이 돈오를 근본적인 가르침으로 삼는다는 뜻입니다. 《육조단경》의 선사상은 이전의 선법에서 독립하여 돈오를 기반으로 새로운 조류를 형성하였습니다. 그 과정에서 북종을 점수로 규정하면서 하열한 선법으로 격을 낮추었습니다. 《육조단경》에서 돈오 선법은 별도로 분리하여 언급할 수도 있습니다. 하지만 이 책의 각 수행법과 사상에 돈오의 향취가 배어 있지 않는 부분은 없다고 해도 틀리지 않습니다. 그런 까닭에 돈오를 구태여 구별하지 않아도 어디에나 돈오는 스며 있습니다. 돈오는 점수와 구별되는 방법상의 특징이며 그 목표는 견성(見性)입니다.

셋째, 최상대승(最上大乘)은 최상승이라는 말과 다르지 않습니다. 모든 사람을 싣고 이상적인 경지로 이끌어가는 가장 크고 넓은 수레〔乘〕와 같다는 뜻입니다. 《육조단경》에서는 불교의 교법을 소승(小乘)·중승(中乘)·대승(大乘)·최상승(最上乘) 등 네 가지 차별된 단계로 구별합니다. 그중 최상승이 《육조단경》의 종지라고 주장합니다. 그렇다면 이 최상승이란 무엇일까요? 그것은 다름 아닌 돈오입니다. 최상승이 추구하는 궁극적 이상은 돈오의 방법에 의한 견성입니다. 여기에는 항상 점수에 대한 비판이 병행됩니다.

넷째, 마하반야바라밀경(摩訶般若波羅蜜經)이란 좁게 말하면 《금강경》이고 넓게 말하면 반야부 계통의 경전들을 총괄적으로 일컫는 말입니다. 도를 닦아가는 과정에서 6조가 결정적인 순간마다 일종의 영감을 받았던 경전이 《금강경》입니다. 뿐만 아니라 《육조단경》의 선법은 반야의 공(空)사상과 그 논리를 변환하여 이루어진 내용들이 적지 않습니다. 유포본을 엮으면서 '반야'라는 편목 아래 6조의 설법이 수록되어 있습니다. 또한 무념(無念) · 일행삼매(一行三昧) · 돈오견성 등 모든 선법이 반야사상과 밀접한 연관을 지니고 있습니다.

남종선의 후손들은 달마대사 이래로 《금강경》을 대대로 전수했다고 내세웁니다. 이것은 《육조단경》에서 5조가 혜능을 인가할 때 이 경을 함께 전수했다는 기사에 근거합니다. 여기에는 북종에서 대대로 《능가경(楞伽經)》을 전수했다고 주장하는 설과 차별화시키려는 의도도 들어 있습니다.

다섯째, 육조혜능대사(六祖慧能大師)와 소주대범사(韶

州大梵寺)는《육조단경》을 설하는 주체인 6조 혜능과 이것이 주로 설해진 소주의 대범사라는 절을 나타냅니다. 달마 대사를 첫 번째 조사로 삼는 중국 선종은 대대로 그 선법이 계승되어 6조까지 이르렀습니다.《육조단경》은 혜능이 5조 홍인(弘忍)으로부터 그 법을 이어 6조가 되는 인연을 상세히 설명하고 있습니다. 그 뒤 우여곡절을 겪고 나서 대범사에서 처음으로 독자적인 설법을 하게 된 것입니다.

여섯째, 시법단(施法壇)이란 법을 설하고 계를 주는 단이라는 말입니다. '단'은 어떤 의식을 행하기 위하여 바닥보다 높게 돋우어 일정하게 경계를 설정한 신성한 곳을 나타냅니다.

마지막으로 경(經)이란 무엇일까요? '경'은 오로지 부처님의 친설에만 붙이는 명칭입니다. 누가 어떤 이유에서 조사의 어록에 경이라는 말을 붙였을까요? 경이란 만고불변의 법도입니다. 후대에 교법을 두고 서로 다른 견해가 부딪히며 논쟁이 발생하기도 합니다. 그때 시비를 가려줄 수 있는 기준과 근거는 경전입니다. 그와 마찬가지로《육조단경》은 선종의 근본 전거로서 이후 일어날 모든 시비를 판가름해 주는 경전과 같은 권위를 지닌다는 뜻이 됩니다.

무엇 때문에 《육조단경》에 이러한 힘을 실어 주었을까요? 앞서 말했듯이 《육조단경》은 크게 두 가지 기치를 내세웠습니다. 종파적으로는 북종선을 비판함으로써 탄생한 남종선입니다. 사상적으로는 북종선의 점수에 대한 남종선의 돈오입니다. 바른 수행과 견해는 돈오에 따르고, 이것을 전수하고 있는 정통 교단은 남종선이라는 주장입니다. 바로 이 두 가지를 모두 선도하는 인물이 6조 혜능이며, 6조의 말을 경전과 같은 권위로 격상시켜 남종의 종지를 확고하게 굳히려는 의도에서 '경'이라는 제목을 달았던 것입니다.

　후대에는 조사의 일상 언행과 법문 그리고 문답 등을 기록한 책에 '어록'이라는 제목을 붙입니다. 객관적으로 보면 《육조어록》이라는 말이 적합할 수도 있습니다. 《육조단경》이 출현했던 시대에 남종의 선사들은 막강한 기존의 흐름과 맞서야 했습니다. 이 때문에 자신들의 종지를 세상에 강렬하게 알리기 위하여 '경'이라는 말로 단단히 못을 박아 두었던 것입니다.

　따라서 《육조단경》, "남종 돈교 최상대승 마하반야바라밀경 육조혜능대사 어소주대범사 시법단경(南宗頓教最上大

乘摩訶般若波羅蜜經六祖慧能大師於韶州大梵寺施法壇經)"이
라는 제목의 뜻에는 남종의 종지와 그 배경이 되는 선사상
등이 압축되어 있습니다.

이상이 돈황본의 본래 제목에 들어 있는 대체적인 맥락
입니다. 그 밖에 대승사본은 《소주조계산육조사단경(韶州
曹溪山六祖師壇經)》, 흥성사본(興聖寺本)은 《육조단경》,
유포본은 《육조대사법보단경(六祖大師法寶壇經)》 등으로
돈황본에 비하여 간략해졌습니다.

돈황본 시대보다 《육조단경》이나 남종의 종지가 세상에
많이 알려져 굳이 길게 늘어진 제목으로 그것을 드러낼 필
요가 없었던 탓으로 보입니다.

3. 선(禪)의 흐름을 바꾸다

선종사에서 분수령이 된 한 권의 책이 바로 이 《육조단
경》입니다. 일상적으로 마주치는 주변의 모든 조건을 도가
실현되는 터로 삼는 선사상은 이 책에서 두드러지게 나타
나기 시작했습니다.

《육조단경》 이후로 선법은 현실 속에서 선체험의 경지를 다양하게 드러내는 방향으로 흘렀습니다. 이것이 후대 선법의 자연스러운 대세가 되었던 것입니다. 이는 삶에 대한 근본적인 사고와 태도의 변화 없이는 불가능한 일이었습니다. 그 해답은 다음에 이어질 '혜능 이야기' 속에서 발견할 수 있습니다.

《육조단경》의 지지자들은 침몰한 듯 고요하게 좌선에 몰두하는 선방의 성자를 받들지 않았습니다. 그들은 시끌벅적한 목소리가 오가고 땀 흘린 흔적이 남아 있는 현장의 수행자에게서 이상적 선사를 발견했습니다. 혜능이 바로 '그'라는 사실은 말할 필요도 없습니다.

《육조단경》은 전통을 다치지 않으면서 이러한 변화로 이끌어간 첨병의 역할을 했던 것입니다. 구체적인 현상 속에서 전개되는 활발한 작용을 중시하는 선법은 여기서 본격화되었습니다.

이 목적을 이루려고 《육조단경》을 처음 세상에 알렸던 사람들은 기존의 선법과 그 속에 담긴 사고방식들을 들추어내어 비판할 필요가 생겼습니다. 그 중에서도 특히 고요한 경지를 추구하는 좌선 일변도의 여러 가지 수행법이 지니는 병폐를 집어내었습니다. 그 주요 대상이 바로 북종선입니다.

하지만 북종을 비롯한 종래의 선법에 대한《육조단경》의 비판이 정당하지만은 않았습니다. 좌선에 치우친 선법에 대한 비판 속에 그 선사상 전체를 축소해 놓은 점도 있기 때문입니다. 단적인 예로 돈오 선법은 남종의 전유물이 아니며 북종의 선법에도 그 단서가 발견됩니다.

그 정당성과 관계없이 고요한 삼매와 좌선에 치우친 선법의 폐단을 강력히 비판하면서 정(定)보다 혜(慧)를 선법의 핵심적 위치에 올려놓게 됩니다. 이 내용은 뒤에 지속적으로 소개할 것입니다. 이러한 선법은 부동의 본체(定)보다 동적인 작용(慧)이 점차로 선사상의 중심에 자리잡는 변화를 가리킵니다. 이와 더불어 점수와 좌선을 약화시키고 돈오의 방식을 현저하게 늘려갔던 것입니다.

《육조단경》은 이전부터 진행되어 왔던 사상적 변화의 연속선상에 있었지만 그 방향은 현저하게 전환되었습니다. 그것은 바로 돈오와 관련된 동적인 선법들이며, 혜와 작용의 부각을 가리킵니다.

본래 선정(禪定) 또는 삼매는 고요함과 활발함을 함께

구현해야 됩니다. 이것은 모든 이론과 실천에서 공유하는 특징입니다. 고요함은 정(定)이고 활발함은 혜(慧)이기에 하나의 바른 선정에는 정혜(定慧)가 평등하게 갖추어져 있는 것입니다. 보통 정혜쌍수(定慧雙修)라고 하는 말은 이러한 선의 본질 그 자체를 가리킵니다.

그러나 좌선으로 그 두 가지 요소를 모두 갖추려다 보면 자기 안에서의 정과 혜에 그치기 쉽습니다. 밖의 현실에서 그 두 요소를 다치지 않은 채 운용하기는 상대적으로 어렵습니다. 좌선의 자리를 벗어나 이를 실현하려면 두 가지를 모두 잃어버리는 위험을 감수해야 합니다. 이 때문에 더욱 좌선에 치우치고 고요함에 탐닉하여 안정된 자리를 고수하려 할지도 모르겠습니다.

《육조단경》은 당시 누구나 그렇게 살았던 평범한 생활인 혜능이 중국의 가장 이상적인 선사가 되기까지의 구도 과정과 그 이후의 삶과 사상적 전개를 주요 줄거리로 하는 문헌입니다.

혜능은 일자무식인 상태로 5조 홍인 문하에 행자로 들어갔습니다. 그럼에도 불구하고 그는 디딜방아를 찧으면서 불과 8개월 만에 견성하였습니다. 이 일화는 혜능을 선종의 이상적인 조사(祖師)로 올려놓기에 충분한 조건이 됩니다. 선이 현실의 생활과 그것을 지탱하는 노동으로부터 떠나지 않으면서 평상의 도(道)로 형상화되었던 이야기 중 이것만큼 생생한 예는 찾아보기 힘들기 때문입니다.

이들 이야기들 속에 《육조단경》의 주제이자 이후 중국 선종의 큰 흐름이 되는 돈오의 핵심적인 뜻이 숨어 있습니다. 아니, 돈오는 바로 이 이야기를 벗어나서는 자신의 정체를 전혀 드러낼 수 없습니다. 이와 같이 사상적으로는 점수를 부정하고 돈오를 표방합니다. 그런 까닭에 많은 문구와 이야기들이 이 돈오의 종지를 드러내기 위하여 설정되어 있습니다. 독자들은 이 사실을 숙지하고 있어야 합니다. 《육조단경》을 만든 결정적 계기는 돈오를 제외하고는 있을 수 없기 때문입니다.

당시 유행하던 선종의 이론과 실천은 점수로 정의될 수 있습니다. 이에 대한 비판적 토대 위에 《육조단경》이 성립되었습니다. 후대에 줄기차게 이어져온 돈오와 점수의 갈등은 여기서 불씨가 붙여졌던 것입니다. 이 책의 내용을 바꾸고 새로운 내용을 첨가하여 유포본 《육조단경》을 엮어낸 사람들이 따랐던 편집의 기준도 이것입니다.

다시 말해서 좌선에 묶이지 않고 돈오 선법을 삶의 시공간 전반에 더욱 확장하는 것이 그들의 의도였습니다. 바로 이들이 남종선이라는 종파를 만들어 내면서 《육조단경》을 '경'으로서 격상시켰습니다. 그에 따라 비판의 대상이 되는 저편은 북종선이라는 이름으로 단순화 되었던 것입니다.

《육조단경》은 이론과 문자를 추구하며 자신의 관념에 묻혀 있는 학자는 배척합니다. 또한 좌선에 몰두하여 현실 저편에 숨어 있는 수행자도 받아들이지 않습니다. 그 주인공은 현실의 먼지에 몸을 더럽히며 일하는 혜능입니다. 이 책은 그러한 혜능의 돈오에 관한 이야기와 그것을 이념화한 선사상의 보물창고입니다.

《육조단경》의 혜능 이야기들에는 활발한 선법으로 전환하는 계기가 들어 있습니다. 이것과 동시에 돈오를 드러내기 위하여 깔린 복선에 주의를 기울여야 합니다. 이 맥락이 밝혀지지 않고 은폐된다면 《육조단경》 전체를 일관하는 주제를 지나치게 됩니다. 본질보다 활용의 관점으로 선법을 전환시키는 데 결정적인 역할을 했던 문헌이 바로 《육조단경》인 것입니다.

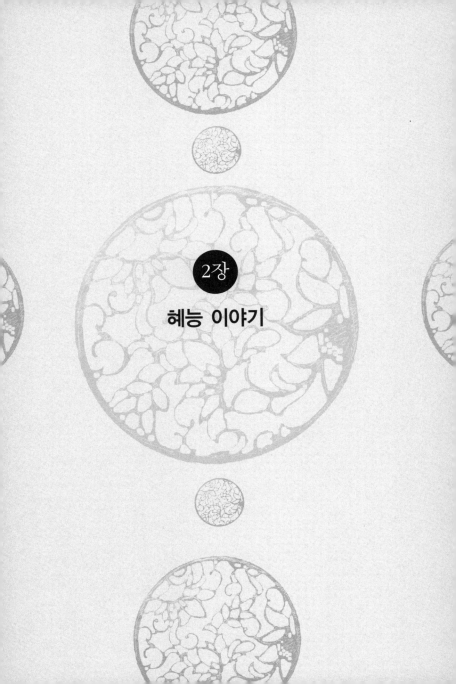

2장

혜능 이야기

먼저, 주인공 혜능의 행적을 더듬어 가며 그 속에 깃든 의미를 캐어내고자 합니다. 이 작업은 《육조단경》이라는 책을 이해하는 데 가장 중요한 부분입니다. 여기에 소개되는 이야기들은 《육조단경》의 선사상을 이해하는 뿌리입니다. 이것을 제대로만 읽으면 이야기 토막마다 모두 선(禪) 그 자체로 드러날 것입니다. 《육조단경》은 무엇보다 혜능이 주인공으로 등장하는 한 타래의 이야기가 중심이 되기 때문입니다.

　이 책은 혜능이 자신의 어린 시절부터 출가하여 경험했던 행적을 술회하는 자전적 형식의 고백으로 시작하고 있습니다. 그가 밟아온 낱낱의 발자취에는 언젠가 탁월한 선사로 우뚝 설 실마리를 고스란히 담고 있습니다. 혜능의 고

백은 철저하게 그것을 염두에 둔 것입니다.

나무꾼에서 방아 찧는 행자로 이어지는 혜능 이야기에는 미래의 획기적인 선사상이 원질 그대로 녹아 있습니다. 우리에게 말하는 대부분의 것들은 그에 대한 암시라고 읽어도 무방합니다. 그것을 바르게 포착하는 안목을 가진 사람들에게 그 뒤의 추상화된 개념은 공허한 메아리와 다르지 않습니다.

선명한 영상을 보거나 눈앞에서 목소리를 듣듯이 묘사된 혜능의 일상 언행을 떠나면 안 됩니다. 그 외에 제2, 제3의 혜능이 있다고 애써 추리하여 찾아내더라도 그것은 혜능의 그림자에 불과할 것입니다.

《육조단경》의 선수행과 사상 하나하나는 조사가 된 나무꾼의 이야기를 밑그림으로 하여 채색된 한 폭의 수채화와 같습니다. 나무꾼에서 조사로 성장한 성공담의 주인공 혜능은 일단 한 구석에 제쳐 둡니다. 우리는 무엇보다 조사라는 겉껍데기를 버리고 뼛속까지 나무꾼으로 남아 있는 무지렁이 혜능을 살피는 데서 《육조단경》의 뿌리를 찾을 것입니다.

이 사실을 망각하고 '돈오'다 '점수'다 다투거나 무작정

위대한 조사로서 존경을 표하기만 한다면《육조단경》에서 심장의 고동은 들리지 않고 그 주인공 혜능도 영원히 자신의 본모습을 드러내지 않을 것입니다. 나무꾼으로서의 혜능과 방아를 찧던 행자 혜능이 없이《육조단경》의 선법에 다가설 수는 없습니다. 그렇게 되면 화려하지만 싸늘하게 피가 식은 조각조각의 미사여구만 박제와 같이 책장에 꽂힐 뿐입니다. 그에게 우연히 덧붙여진 6조라는 하찮은 옷가지를 벗겨버리고 알몸의 나무꾼 혜능을 만나보아야 비로소 그의 본래면목(本來面目)과 맞닥뜨릴 수 있습니다.

1. 이야기 하나: 일자무식의 나무꾼

《육조단경》은 고단한 일상을 파닥파닥 살아 움직이는 선(禪)으로 재생시켜 세상에 퍼뜨린 한 인간의 성장기입니다. 그 첫 번째 아이콘은 나무꾼입니다.《육조단경》의 혜능 이야기는 끼니를 마련하려고 땔나무를 팔며 돌아다녀야 했던 소년의 고단한 일상에서 시작됩니다.

혜능의 부친은 본래 범양(范陽) 지방 출신으로 관직에

있었으나 모종의 정치적 사건에 휘말려 영남(嶺南)의 신주(新州)로 좌천되었습니다. 이곳이 혜능으로서는 고향이 되었던 것입니다. 불행히도 여기서 아버지의 죽음을 맞이한 뒤 교육의 혜택을 전혀 받지 못했던 소년 혜능은 글이라고는 전혀 모르는 무지렁이 신세가 되었습니다. 도끼질로 땔나무를 마련하여 그것을 시장에 팔아 늙고 힘없는 어머니를 봉양하고 자신의 굶주린 배를 채워야 하는 처지에 놓이게 되었던 것입니다.

그러던 어느 날 그의 일생을 결정짓는 장면이 하나 펼쳐집니다. 어떤 주막에서 나무를 팔고 값을 받은 뒤 문을 나서는 순간, 한 손님이 읽는 경전의 구절이 그의 귓전을 스쳤습니다.

그 어디에도 머무르지 말고 마음을 일으켜라!

여기서 그의 마음은 경이로움으로 활짝 깨어났습니다. 그 손님에게 묻자 자신은 5조 홍인(弘忍)이 주석하는 황매현의 동선사라는 절에서 왔고, 조금 전에 읊은 구절은《금강경》의 말씀이라고 일러 주었습니다. 손님은 성불하고자 하는 열망으로 가득 찬 혜능이 기특하여 그에게 은자 열 냥을 주면서 노모의 생활에 충당하게 배려하고 동선사로 가서 5조를 친견하도록 권했습니다.

| 머물면 묶인다 |

여기에 혜능의 눈이 불법을 향해 열리도록 한 최초의 계기가 나타납니다. 그것은 그에게 초발심(初發心)과 다르지 않았습니다. 혜능의 눈과 귀를 번쩍 뜨이게 했다는 구절 "그 어디에도 머무르지 말고 마음을 일으켜라"는 구절은 앞으로 전개될 혜능의 선사상 전반에 적용될 수 있는 풍부한 뜻을 지니고 있습니다. 혜능은 여기서 자극되어 최초로 삶의 전환을 맞이했고, 그 뒤에도 이 구절로 돌아가 되새김질하고 있는 그의 모습을 볼 수 있습니다.

《육조단경》 자체의 구성으로 보아도 이것을 가장 앞부분에 배치한 연출의 시각에는 숨은 뜻이 있습니다. 독자들은 기억하시기 바랍니다. 《육조단경》의 이야기와 선법마다 부딪히는 장애가 있다면 이 구절을 반복하여 대면하십시오. 저잣거리에서 바쁘게 오가던 혜능의 유년기, 방아질을 하면서 닦았던 삼매, 그리고 사냥꾼의 무리 속에 10년 이상의 세월 동안 은둔했던 삶, 그 모두가 이 구절의 형상화라 할 수 있습니다. 고요히 머무는 마음보다 역동적으로 일어나는 몸과 마음의 움직임이 《육조단경》의 바탕이었습니다.

선에도 악에도, 형색에도 향기에도 머물지 않고 일으키는 그 마음이 혜능이 마주친 최초의 불법이었습니다. 어떤 대상이 되었건 머물면 그것에 묶이게 됩니다. 반대로 그 어디에도 머물지 않는다면 역설적으로 어느 곳이 되었건 자유롭게 오갈 수 있습니다. 6조가 "마음이 어떤 법에도 머물지 않으면 도(道)는 막힘없이 통하지만, 마음이 하나의 법에라도 머문다면 스스로 속박되는 것이라 한다"라고 했던 말이 그 뜻입니다.

《금강경》의 구절은 모든 존재의 머물지 않는 진실을 나타냅니다. 만일 한 곳에 머물러 묶여 있는 것이 진실이라면 어떻게 우리 같은 범부가 깨달음의 세계로 변화해 들어갈 수 있겠습니까? 참으로 그렇다면 어떤 공부도 불필요할 것이며 아무런 변화의 희망도 가질 수 없을 것입니다. 마치 해와 달이 '머문다면' 밤과 낮이 반복될 수 없는 것과 같은 이치입니다. 머물지 않는 변화가 있어야 나무꾼이 조사로 등극하는 변신의 여지가 생기게 됩니다.

머무름이 없는 이것이 만물의 본성이라는 말은《육조단
경》에서 "머무름이 없음〔無住〕은 사람의 본성"이라 한 뜻
과 다르지 않습니다. 그 본성에 따라서 마음을 일으키지 않
는다면 경직되고 속박된 인식의 틀을 풀어헤쳐 넓게 트인
세계로 펼칠 방법은 없을 것입니다.

이것은 뒤에 5조 홍인이 혜능을 6조로 인가하며 읽어 주
었던 구절이기도 합니다. 뿐만 아니라 이후의 삶 전체에서
양식과 같은 구절이 되었습니다. 어떤 물질로도 부서지지
않고 다른 모든 것을 부수는 금강과 같은 진실을 담은 경전
이《금강경》입니다. 이 경전이 전하고자 했던 메시지는 속
박되지 않고 마음껏 써먹는 그 마음이었습니다. 혜능은 뒤
에 5조로부터 이 구절을 듣고 "모든 법은 자기 본성을 떠나
지 않는다"라는 이치를 깨달았습니다.

허공과 같이 어디에도 있지만 어느 한편에도 속하지 않
는 마음이 바로 우리의 본성입니다. 그것은 어디에도 머물
지 않고 쓸 수 있는 활짝 열린 마음입니다. 그러나 이것은
참선하는 그 자리에서 증명되는 마음이 아니라 일상의 곳
곳에 발현되면서 어떤 것에도 묶이지 않는 생동하는 마음

입니다.

2. 이야기 둘: 방아 찧는 행자

나무꾼은 5조가 주석하던 절에서 디딜방아를 찧는 행자
가 됩니다. 무엇보다 고상한 세계를 동경하며 출가한 그였
지만 절의 일상 또한 세속과 별반 다르지 않았습니다.

그 당시 절은 자체의 생산으로 살림을 꾸려가는 풍토가
일반화되어 있었습니다. 그것은 오로지 수행에만 몰두하고
탁발에 의지하여 먹고 살았던 인도 전통의 승가집단이 누
리던 생활과는 전혀 달랐습니다.

집을 떠난 혜능은 절에서 주는 밥으로 적당히 배를 채우
고, 남은 시간에는 조용히 앉아 참선하며 몸을 괴롭히는 일
에서 벗어난 생활을 꿈꾸었을지도 모릅니다. 하지만 고달
픈 일상의 노무가 곧이어 선사의 안목으로 승화될 줄은 그
자신도 예측하지 못했던 일입니다.

후대의 선종에서는 죽은 뒤에 물소와 같이 사람과 전혀
다른 존재[異類]로 환생하여 밭을 갈며 본분을 실현한다는

이류중행(異類中行)이라는 말이 있습니다. 이런 종류의 이야기는 혜능의 노무에서 그 선구를 보였다고 할 수 있습니다.

방앗간의 행자로 일하면서 8개월이 지날 즈음에 5조 홍인은 자신의 선법을 이어받을 6조를 정하기 위해 대중들에게 그 동안 수행하여 얻은 경계를 게송에 담아 보도록 주문했습니다. 대중들은 한결같이 신수(神秀) 이외에는 흡족한 게송을 지을 사람이 없다고 여기고 있었습니다. 그는 경전에 대한 박식한 지식을 지니고 대중을 가르치는 지위에 있었기 때문입니다. 신수는 스스로 아직 공부할 일이 남아 있다고 생각하고 있었기에 속으로는 내키지 않았지만 대중들의 기대를 마지못해 따라가야 했습니다.

그는 아무도 알아채지 못하도록 깊은 밤에 촛불을 밝히고 회랑의 벽에 게송을 적어 놓았습니다.

> 몸은 깨달음의 나무요
> 마음은 밝은 거울 받침대
> 언제나 부지런히 털고 닦아
> 먼지나 때가 묻지 않게 하라.

5조는 이 게송을 보고서 집착의 단서가 남아 있다고 평가했습니다. 그 때문에 이 게송에 따라 수행하면 미혹될 뿐이라고 하면서 인정하지 않았습니다. 그러나 신수를 신뢰하는 대중들이 이 게송을 뛰어난 작품으로 여기고 마치 6조로 인가받은 듯이 여기는 분위기를 거스를 수 없어 그런대로 쓸 만한 게송이니 암송하라고 그들을 격려해 주었습니다.

5조는 아무도 모르게 신수를 불러 아직 제대로 익지 않은 게송이라고 질책하고 며칠 말미를 주어 다시 게송을 짓도록 했습니다. 신수는 끝내 그 기대에 부응하지 못하였습니다. 그러나 대중들은 속뜻도 모르고 5조의 말씀에 따라 게송을 외우며 돌아다녔습니다.

후미진 곳에서 방아를 찧던 혜능의 귀에도 게송을 외우는 소리가 들렸습니다. 이 행자는 한 번 듣는 순간 그것이 견성에 이르지 못한 자가 지은 게송이라고 알아차렸습니다. 그는 이미 선(禪)의 대의를 체득하고 있었던 것입니다. 혜능은 게송을 암송하던 동자에게 "내가 이곳에서 디딜방아를 찧은 지 8개월여 되었지만 아직껏 조사당 앞에 가보지 못하였구나. 나를 그 게송이 붙어 있는 곳에 데리고 가서 합장하고 절을 올릴 수 있게 해다오"라고 간청했습니다.

마침내 혜능은 신수의 게송이 붙은 회랑 앞에 섰습니다. 자신이 글자를 모른다는 사실을 밝힌 혜능은 한 구절씩 읽어달라고 부탁했습니다. 그때 장일용이란 사람이 소리내어 읽어 주었습니다. 혜능이 이를 듣고 나서 자신도 한 수 읊을 터이니 반대편 벽에 써 달라고 부탁했습니다. 주변 사람들이 모두들 미심쩍어 하며 비웃었지만 재미삼아 어떤 풍월이 나오는지 지켜보기로 했습니다. 그 게송은 이렇습니다.

깨달음엔 본래 나무라곤 없고
맑은 거울엔 받침대가 없노라
본래 하나의 그 무엇도 없거늘
어디서 먼지가 일어날 것인가!

혜능에 대하여 글도 모르는 미천한 방아꾼이라 천시하던 사람들이 모두 경악하고 말았습니다. 그러나 그들이 이 두 게송의 대치에 감추어진 놀라운 폭발력을 간파했기 때문은 아니었습니다. 그것은 사람의 외양을 가지고 함부로 무시하면 안 된다는 정도의 가벼운 놀라움에 불과했습니다. 신수의 게송을 조롱하듯이 온전히 대칭으로 구성하여 은근히 내리친 이 게송이 혜능의 첫 번째 사자후였던 것입니다.

| **돈오(頓悟)의 모태** |

《육조단경》에서 혜능과 신수의 게송을 맞세워 놓은 까닭은 돈오를 선법의 주된 흐름으로 전환하려는 뜻에 있습니다. 혜능의 게송은 돈오를, 신수의 게송은 점수를 각각 대표하는 상징이 되는 것입니다.

이론과 문자에 파묻혀 있는 글쟁이가 아니라 일하는 혜능이 《육조단경》의 본질적인 상징입니다. 선사들의 일대기에 평상의 진실이 이처럼 감성적으로 드러난 예는 찾아보기 힘듭니다. 이 이야기에 이후 선종의 대세가 되는 돈오의 결정적인 의미가 깃들어 있습니다. 돈오는 무엇보다 혜능의 개별적인 삶의 궤적에 뿌리를 둔 수행법이자 사상입니다. 이것을 외면하고 돈오를 따진다면 그 진실의 절반도 거둘 수 없습니다. 이 맥락에서 돈오란 무엇일까요?

말뜻으로만 보면 돈오는 단번에 깨달음에 이르는 길이며,

점수란 점차적인 과정을 밟아서 목적지에 이르는 방식입니다. 그러나 양자의 근본적 차이는 깨달음의 시간적 빠르기에 의존하는 것이 아니라 각자의 고유한 수행 방법에 따라 결정됩니다. 이 차이가 돈오와 점수 대립의 핵심입니다.

돈오는 특별한 수행의 방편을 고안하지 않습니다. 혜능과 같이 일하는 현장에서 삼매에 들어갈 수밖에 없었던 사람들을 위한 것이기 때문입니다. 오로지 삼매의 경계만 추구할 수 있는 전문 수행자가 아닌 이상 당시 선원의 대부분 출가자들은 혜능과 같았다고 추정됩니다. 혜능은 그들을 대표하여 이상적 선의 인격을 온전히 실현했던 것입니다.

혜능이 많은 사람의 눈길을 받고 흠모의 대상이 되었던 이유는 무엇이었을까요? 당시 대중들의 어렵고 고달팠던 보편적인 삶과 문자의 혜택을 받지 못했던 문화적 소외감 등이 혜능에게 그대로 투영되어 있었기 때문입니다. 바로 그 삶 안에서 조금도 벗어나지 않고 성취하는 유일한 깨달음의 길이 돈오였습니다. 그것을 바르게 구현했다는 점에서 대중들은 혜능에게 열광한 것입니다.

돈오는 좌선하는 자리에 먼지가 낄 때마다 털어내는 신수의 먼지떨이를 빼앗아 혜능이 찧던 방앗간의 절구로 바꾸어 준 사건이기도 한 것입니다. 신수는 먼지가 붙을 때마다 털어 내며 "언제나 부지런히 털고 닦아, 먼지나 때가 묻지 않게 하라"고 했습니다. 방앗간의 먼지를 그대로 뒤집어쓰며 일상을 영위해야 했던 혜능에게 이 말은 현실적 자각이 전혀 없는 잠꼬대에 지나지 않았습니다.

신수는 깨끗하게 청소된 방에 틀어박혀 우아하게 글을 읽거나 참선하였습니다. 그러한 그가 보는 먼지와 때는 혜능의 그것과 다른 종류였습니다. 처음부터 세간을 떠날 필요가 없어 먼지와 때가 묻은 현장에서 자유롭게 활용할 수 있는 선법이 혜능에게는 필요했던 것입니다. 그러자면 오늘 한 단계 깨끗해지고 내일 그보다 더 많은 때가 벗겨져 언젠가 한 점의 티도 없이 말끔하게 드러나는 점차적 방법은 적절하지 않았습니다. 그에게는 그렇게 한가한 틈이 주어지지 않았기 때문입니다.

번뇌와 해탈이 둘이 아니라는 경전의 말씀도 이것에 의하여 명백하게 체득되었습니다. 혜능의 제자 신회는 그러한 경전의 구절에 근거하여 "생사윤회를 버리지 않고 열반에 드는 것이 돈오다"라고 정의했습니다. 이러한 원론적인 돈오의 개념은 몸으로 직접 땀 흘린 혜능의 노고에서 비롯한 것입니다. 먼지로 더럽혀진 그 현장에서 얻는 깨달음이 돈오의 본질인 것입니다.

별도의 장소도 방법도 마련할 여유가 없이 반복되는 일상의 그 현장이 수행터일 수밖에 없었습니다. 여기에 돈오의 씨알이 원초적으로 배태된 것입니다. 태생적으로 볼 때 돈오는 불가피하게 일상의 노동과 깨달음의 이상을 동시에 추구할 수밖에 없었던 상황을 배제하고는 그 본질을 이해할 수 없습니다. 이로부터 고요하게 좌선에 몰두하는 점수를 비판하고, 모든 생활 양태에 선의 정수를 불어넣는 돈오를 내세우게 되었습니다.

앞서 밝힌 혜(慧)의 전면적인 부각과 돈오는 필연적으로 연결됩니다. 혜(慧)는 작용과 다르지 않고 그 작용은 먼지가 날리는 일터의 몸놀림을 떠날 수 없기 때문입니다.

독자들은 직설적으로 드러나 있지 않아도 이러한 배경을 숨기고 드러내는 《육조단경》의 돈오 선법과 점수 비판을 읽을 수 있어야 합니다. 곳곳에 잠복된 이 뜻을 간과하고 돈점 논쟁의 일반적인 정보를 가지고 접근하면 본질을 간파할 수 없습니다. 이렇게 할 경우, 《육조단경》은 그 정보를 재확인시켜 주는 보조 역할을 할 뿐, 그 고유의 생생한 맥박은 잃어버려 주객전도의 우를 범할 수밖에 없습니다. 혜능 일대의 주요 행적을 묘사한 영상을 놓치지 마십시오. 그러면 그 낱낱의 장면에서 흘러나오는 돈오의 살아 있는 이미지가 어렵지 않게 떠오르게 될 것입니다. 혜능은 말합니다.

불법은 세간에 달려 있으니, 세간을 떠나서는 깨닫지 못한다. 세간을 떠나서 깨달음을 찾는 것은 토끼뿔을 찾는 것과 같다.

세간을 자신의 주변에서 흔하게 밟히는 속된 것으로 치부하고, 불법은 세속의 자잘한 일상을 초월한 이상향으로 대치시켜 둔다면 깨달음은 오지 않는다는 뜻입니다. 삶의 체험에서 반복하여 다져진 이 말은 돈오의 조건이 어떤 것인지 간명하게 보여 주고 있습니다. 혜능이 걸었던 하루하루의 생활에서 자연스럽게 포착된 길이 바로 돈오입니다. 이 돈오가 세속을 벗어나 살 수 없었던 사람들이 함께 따라갈 수 있는 본보기가 되었던 것입니다.

| 본래 그 무엇도 없다(本來無一物) |

　게송의 핵심이 담긴 "본래 그 무엇도 없다"라는 구절을 살펴보겠습니다. 이것은 교학에서 말하는 공(空)이나 모든 것이 텅 비워져 공허한 세계를 나타내는 말 따위는 아닙니다. 더구나 절대무(絶對無)라거나 고요함의 극치라거나 하는 등의 어떤 규정도 이 말에 대한 풀이로는 부적절할 뿐만 아니라 오히려 독소로 작용할 가능성이 다분합니다. 또한 무일물(無一物)을 "하나의 물건"이라고 바꾸는 시중의 번역어도 묘미를 떨어뜨립니다.

　무일물과 일물은 동전의 양면과 같습니다. 6조 스스로 이 두 가지 말을 그때마다 적절하게 쓰고 있습니다. 무일물은 단순히 일물을 부정하는 말이 아닙니다. 때로는 '그 무엇'이라 하고 때로는 '그 무엇도 없다'고 하며, 두 가지를 자유롭게 오가는 면모는 상하로 오르내려야 곡물을 제대로 빻을 수 있는 혜능의 방아질과 같습니다.

　이 말에는 뚜렷한 변천이 있습니다. 돈황본《육조단경》에서는 이 게송이 두 가지로 소개되고 있습니다. 본래무일물(本來無一物)이라는 구절이 돈황본에는 "불성은 항상 청정하다〔佛性常淸淨〕" 또는 "맑은 거울은 본래 청정하다〔明鏡本

清淨]"라고 되어 있습니다. 돈황본 이후에 "본래 하나의 그 무엇도 없다"라는 전혀 다른 말로 바뀌게 된 것입니다.

불성이나 본래 청정한 마음이 그 무엇도 없는 무일물로 대체된 것일까요? 이렇게 이해해서는 본래의 뜻에 접근할 수 없습니다. 불성과 번뇌, 맑음과 오염, 선과 악 등등의 양변 중 그 무엇으로도 단정할 수 없기 때문에 '그 무엇도 없다'고 합니다. 동시에 양변 그 어느 편으로도 자유롭게 오갈 수 있기 때문에 '그 무엇에도 얽매임이 없이 운신한다'는 의미이기도 합니다. 그래서 마지막에 "어디서 먼지가 일어날 것인가?"라고 한 구절은 갖가지 환경에 던져져 일하고 노닐어도 번뇌의 먼지가 앉지 않는다는 취지가 됩니다.

이 구절은 당사자인 혜능 당시에는 없었던 것입니다. 이는 후대에 《육조단경》을 남종선의 본보기로 자리매김하는 과정에서 부가된 편집의 산물입니다. 이 변화는 돈오의 의미가 확장되면서 생겼습니다. 《육조단경》은 좌선의 자리를 벗어나 생활의 모든 반경에서 걸림 없이 펼쳐지는 작용을 지향했던 것입니다. '무일물'은 정(定)과 혜(慧)를 모두 구현한 뒤 불성이라는 집에 눌러앉은 그 사람을 불러내어 첩

첩이 가로막힌 현실의 장애물을 뚫고 나가도록 설정한 지침입니다.

시인 소동파(蘇東坡)는 이 구절을 활용하여 "그 무엇도 없는 중에 다하지 않는 창고로다! 꽃도 있고 달도 있으며 누대도 있다네"라고 읊었습니다. 그 무엇도 없는 상태에서 갖가지 차별의 현상이 전개된다는 뜻입니다. 바로 그 눈에 달빛을 듬뿍 받은 꽃과 그것 때문에 더욱 밝은 달 그리고 그 풍경을 유유히 관조하는 누대가 있는 것입니다. 이처럼 서로 다른 존재들이 차별 그대로 어울리고 있는 그곳에 혜능의 본의가 있습니다. 시인의 눈에 그것은 어디에도 걸리지 않아 아무리 써도 다하지 않는 창고와 같았던 것입니다.

청정한 불성이 무일물로 전환된 까닭은 무엇일까요? 불성이라는 말이 가지고 있는 무게로는 가볍게 앞뒤로 넘나드는 유연한 선의 세계를 표현하는 데 오히려 방해가 될 소지가 있기 때문입니다. 그래서 효과적으로 돈오의 종지를 드러낼 수 있는 용어로 무일물이 요청되었던 것입니다.

조선시대에 한글로 번역된 언해본에 일물은 "흔 거시"로 되어 있습니다. 속된 말로 '하나의 거시기'가 됩니다. 거시기는 상황에 따라 가리키는 목적물이 달라집니다. 그 때문에 개별적인 상황을 모른다면 어디에 속한다고도 단정할 수 없듯이 일물도 그와 같습니다.

무일물에 '무'자가 붙어 있다고 하여 일물을 부정하는 말로 보아서는 안 됩니다. 이 무는 항상 움직이고 살아 있도록 하는 드넓은 터 그 자체라 할 수 있습니다. 일물은 그 터에서 때 묻지 않고 어디로나 오갈 수 있지만 불성이라 확정해서는 안 됩니다. 일물을 소재로 한 혜능과 신회의 다음 문답에서 그 대의를 알 수 있습니다.

하루는 혜능이 대중에게 말했습니다.

"나에게 하나의 그 무엇이 있다. 그것은 머리도 없고 꼬리도 없으며, 이름도 없고 명칭도 없으며, 뒤도 없고 앞도 없다. 여러분은 알겠는가?"

그때 신회가 나와서 말했습니다.

"이는 모든 부처님의 본원이며, 신회의 불성입니다."

"그대에게 이름도 없고 명칭도 없다고 말했는데, 다시 본원이니 불성이니 하고 부르느냐! 그대가 앞으로 대중을 이끄는 지위에 서는 일이 있더라도 단지 지적인 분별을 근본으로 삼는 무리〔知解宗徒〕가 될 뿐이리라."

신회의 응답을 보시기 바랍니다. 불성이라니! 일물의 속성에 전혀 맞지 않게 도장을 분명하게 찍어 오점을 남긴 꼴입니다. 이 문답도 돈황본의 불성을 무일물로 바꿀 수밖에 없었던 상황과 동일한 조건에서 창안한 것입니다.

먼저 혜능이 '하나의 그 무엇'을 던져 놓고 신회의 반응을 지켜보고, 신회는 '불성'으로 응답했습니다. 이 두 가지가 결코 등치관계로 성립되지 않는다는 점을 분명하게 보여 주기 위한 설정입니다. 신회의 불성보다는 차라리 운문(雲門)선사의 '똥막대기'가 조금 나을지도 모르겠습니다. 설령 불성이라 하더라도 단정할 수 있는 여지는 없습니다.

불성을 중시하는 경전은 《열반경》이고 이는 《육조단경》에도 큰 영향을 주었습니다. 불성에 관하여 "모든 중생에게 불성이 있다"라는 《열반경》의 구절이 가장 많이 알려져 있습니다. 그러나 "만일 모든 중생에게 결정적으로 불성이 있다거나 결정적으로 불성이 없다고 말한다면, 이 사람 또한 불·법·승 삼보를 비방하는 것이라 한다"라는 말에 주목하는 사람은 별로 없습니다.

《육조단경》은 경전의 이러한 논리와 내용에 주목했습니다. 있거나 없거나 그 어느 편으로도 결정할 수 없는 불성의 의미를 취했습니다. 이것을 활용하여 선적 형식과 방법에 적합한 용어로 무일물 또는 일물을 채택했던 것입니다. 이편과 저편을 그때그때마다 활발하게 오가며 구체적 경계에 활용되는 선법이 사상적 전환의 핵심이었습니다. 이 본의와 어긋났기에 신회는 질책을 받았던 것입니다. 위의 문답과 대조적으로 혜능과 회양(懷讓) 사이에 주고받은 문답이 전합니다.

회양이 찾아오자 6조가 물었습니다.

"어디서 오는가?"

"숭산에서 옵니다."

"어떤 것이 이렇게 왔느냐?"

"하나의 그 무엇이라 말해도 딱 들어맞지 않습니다."

"닦아서 깨달을 수 있는가?"

"닦아서 깨닫는 일이 없지는 않지만 오염시킬 수도 없습니다."

"이렇게 오염되지 않는 바로 그것이 부처님께서 보호해 주시는 대상이다. 그대가 이미 이렇고 나 또한 그렇다."

후대의 선가에서는 이 문답에 근거해 회양이 혜능의 적자(嫡子)가 되었고 신회는 서자(庶子)가 되었다고 평가합니다. 하나의 그 무엇(一物)이라 해도 맞지 않지만, 반대로 그 무엇도 없다(無一物)는 말에 종지가 들어 있다고 단정해서도 안 됩니다.

후대의 불국유백(佛國惟白)은 "하나의 그 무엇도 맞지 않는다는 대답이 벌써 티끌이다"라고 평가했습니다. 또한 각운(覺雲)은 "오염시킬 수 없다는 이 말이 바로 철철 넘치는 번뇌이다"라고 내리쳤습니다.

이들 비판은 맹목적으로 시행된 것이 아닙니다. 진실한 선사는 비판을 피해가려 하지 않고 오히려 비판의 여지를 만들어 놓고 그 틈으로 파고들어오는 후인을 기다립니다. 그것은 무일물이건 일물이건 어디에도 머물지 않는 정신의 소산입니다. 6조와 회양은 그 말에 결정된 인장을 찍어 놓지 않았던 것입니다.

어부지리(漁夫之利)의 고사가 이 뜻에 대한 비유로 적절합니다. 조개가 햇볕을 쬐려고 껍질 밖으로 막 나오는 순간, 도요새가 그 속살을 쪼아 조개도 입을 닫고 그 부리를 물었습니다. 도요새가 "오늘도 비가 안 오고 내일도 비가 안 오면 말라 죽은 조개가 될 것이다"라고 말했습니다. 조개도 도요새에게 "오늘도 빠져나가지 못하고 내일도 빠져나가지 못하면 굶어 죽은 도요새가 될 것이다"라고 말했습니다. 두 놈이 서로 버티며 놓아 주려 하지 않고 있을 때 어부가 발견하고 모두 사로잡았습니다.

선사들의 비판도 이와 같습니다. 양편이 대치하면서 서로 상대를 비판하지만, 결국 제3자에게 싸잡아 비판당합니다. 오히려 그들은 이렇게 비판될 말을 의도적으로 던져 주고 그것을 즐깁니다. 6조는 후대의 각운과 같은 비판자를 기꺼이 허용하며 자신의 말을 열어놓았던 것입니다.

도요새와 조개는 자신들을 잡아갈 어부를 기다리고 있었습니다. 하지만 그들도 어부와 같이 어느 양편을 모두 잡아챌 힘과 비판력을 지니고 있습니다. 최후로 양자를 모두 얻은 어부 역시 한 마리 도요새이자 조개의 신세가 되기를 기다리고 있습니다.

선사들의 물고 물리는 상호 비판에 혼란이 일어난다면 이 고사를 기억하시기 바랍니다.

| 삼매의 방아질 |

그 내용은 차치하고 글자도 모르고 방앗간에서 8개월 동안 일만 하던 혜능에게 어디서 이러한 시를 짓는 기량이 생겼던 것일까요? 파암조선(破庵祖先)은 그 진실을 간파하고 '육조'라는 시로 그 뜻을 남겼습니다.

> 나무하던 도끼 멀리 던져 버리고
> 곧바로 방앗간 들어가 절구질하네
> 한 번 밟고는 밑바닥까지 이르러
> 홍인의 소식 막힘없이 뚫어버렸네.
> 颶下採樵斧 直入碓坊春
> 一脚踏到底 黃梅信息通

혜능은 곡물 찧는 데 몰두하면서 동시에 깊은 삼매에 들어갔습니다. 밑바닥까지 이르렀다는 말은 《육조단경》에서 혜능이 말하는 일행삼매(一行三昧)에 나타납니다.

일행삼매란 모든 시각에서 가거나 머물거나 앉았거나 누웠거나 항상 곧은 마음을 드러내는 것이다.

방아를 밟는 한 발 한 발에 곡물은 가루가 되고 그의 마음은 삼매의 깊은 바다로 들어갔습니다. 그리하여 더 이상 가라앉을 수 없는 심연의 고요에 이르게 되었습니다. 파암조선은 방앗간이라는 그 현장에서 6대 조사라는 면모에 어긋나지 않는 혜능을 보았습니다. 그 때문에 이 시에 '육조'라는 제목을 붙여서 압축적으로 표현한 것입니다.

어떤 학인이 임제(臨濟)에게 물었습니다.
"석실(石室)이라는 행자가 디딜방아를 밟고는 다리를 떼는 것을 잊었다는데, 그는 어떤 경지에 들어간 것입니까?"
"깊은 샘물에 빠졌다."

임제의 이 말은 삼매에 침몰한 상태를 비판한 말일까요? 아니면 그 삼매의 깊이를 칭찬한 말일까요? 혜능의 선법에 비추어 보면 이는 지혜〔慧〕의 활발한 작용 없이 삼매〔定〕의 고요한 경계에 탐닉하는 잘못된 선법이 됩니다. '깊은 샘물'을 때로는 '깊은 구덩이'라고 바꾸어 부르는 이유도 거기에 있습니다. 대혜종고(大慧宗杲)는 "하나가 그대로 일체이고 일체가 곧 하나이기에 세상 전체가 하나의 해탈문이다. 그렇다면 석실행자가 디딜방아를 밟다가 어째서 다리 떼는 것을 잊었는가?"라고 질문을 던졌습니다.

아마도 혜능이라면 밟고 떼고 반복하는 동작 자체도 또렷또렷 알아차리고 있어야 제대로 된 방아삼매라고 했을 것입니다. 파암이 "한 번 밟고는 밑바닥까지 이르렀다"라고 한 말에서도 이 사실을 놓치면 안 됩니다. 이에 대해서는 뒤에서 상세히 서술할 것입니다.

후대의 행숭(行崇)선사는 학인으로부터 불법의 근본적인 뜻에 대한 질문을 받고 "방아 찧고 맷돌질하는 것이다"라고 대답했습니다. 이는 당시 선원의 일상적인 노무가 불법과 긴밀하게 연결되었다는 사실을 보여 줍니다. 이렇게 방아 찧는 일을 가지고 본분사를 묻는 소재로 삼고 있습니다. 이것은 혜능의 행자 시절 8개월에 구현한 체험이 후대 선사들에 의해 하나의 지침으로 자리잡았다는 뜻이기도 합니다.

3. 이야기 셋: 가사와 발우를 전해 받다

5조는 대중들이 웅성거리는 소리를 듣고 회랑 앞에 이르렀습니다. 혜능의 게송을 보고 속으로는 인정했으나 6조라는 자리를 놓고 음해를 당할까 염려하여 스스로 게송을 지워 버렸습니다. 그 뒤 대중의 혼란을 잠재우기 위하여 "아직 견성의 경지를 드러내지 못한 게송이다"라고 말했습니다.

다음 날 5조는 혜능이 방아를 찧는 자리에 찾아가 물었습니다.

"쌀은 다 빻았느냐?"

"빻아 놓은 지는 오래되었으나 낟알을 고를 키가 아직도 없습니다."

5조가 주장자로 방아를 세 번 치고서 자리를 떠났습니다.

혜능은 방아를 세 번 친 5조의 뜻을 알고 삼경에 조실로 찾아 들어갔습니다. 5조는 아무도 보지 못하도록 금란가사로 몸을 덮어 주고 《금강경》을 읽어 주었습니다.

이는 혜능이 출가하기 전 주막에서 들었던 "그 어디에도 머무르지 말고 마음을 일으켜라!"고 하는 바로 그 구절이었습니다. 혜능은 여기서 모든 법이 자신의 본성을 벗어나지 않는다는 도리를 깨우쳤습니다.

달마대사가 2조 혜가(慧可)에게 전수한 이래 5조까지 전해진 가사와 발우라는 두 가지 징표가 있습니다. 5조는 이것을 혜능에게 전하여 6조로 인가하였습니다. 당시 혜능의 나이는 24세였습니다. 5조는 다툼의 단서가 될 가사는 이번으로 그치고 더 이상 후대로 전수하지 말라고 당부하였습니다. 이 말에 따라 가사를 전하는 전통은 게송 한 수를 전하는 것으로 바뀌었습니다.

가사와 발우 때문에 혜능의 목숨이 위태로운 지경에 처할 것이라 추측한 5조는 속히 남쪽으로 피신하라고 말했습니다. 5조는 스스로 구강역(九江驛)까지 혜능을 배웅한 다음 배에 올라타고 노를 저어 주려고 했습니다. 혜능이 말했습니다.

"깨닫기 이전에는 스승이 저를 건너게 해 주었지만, 깨닫고 난 지금은 저 스스로 노를 저어 건너겠습니다."

혜능은 5조를 하직하고 발길을 옮겨 남쪽으로 향한 지 두 달 만에 대유령(大庾嶺)에 이르렀습니다. 수백의 사람이 가사와 발우를 빼앗으려 뒤를 밟았으나 장군 출신의 혜명(慧明)이라는 학인이 가장 먼저 혜능을 발견했습니다. 혜능은 이러한 조짐을 알고서 '이 가사는 조사의 신의를 나타내는 징표인데 어떻게 강탈할 수 있겠는가?'라고 생각한 뒤 가사와 발우를 바위 위에 던져 놓고 풀 속에 몸을 숨겼습니다. 횡재로 생각한 혜명이 가사를 들고 가려 했으나 꼼짝도 하지 않았습니다. 불현듯 두려운 마음이 일어난 혜명은 그 순간 마음을 바꾸어 이렇게 말했습니다.

"행자님, 행자님! 저는 법을 구하러 온 것이지 가사와 발우를 가지러 온 것이 아닙니다."

혜능이 몸을 드러내고 바위에 앉자 혜명이 절을 올리고 간청했습니다.

"행자께서 저에게 법을 일러 주시기 바랍니다."

"선(善)이라고도 생각하지 말고, 악(惡)이라고도 생각하지 마시오. 바로 이럴 때 어떤 것이 혜명 상좌의 본래면목입니까?"

이 소리를 듣자마자 혜명은 그 자리에서 크게 깨달았습

니다.

| 선과 악의 저편 |

혜능이 넘어갔던 대유령은 영남과 영북으로 갈라지는
분수령입니다. 이곳은 매화가 많이 피어 매화령(梅花嶺)이
라고도 합니다. 남북의 기후 차이 때문에 매화의 남쪽 가지
가 떨어지는 시기에 북쪽 가지에서 비로소 꽃을 피웁니다.
이것을 가리켜 '대유령의 매화〔領梅〕'라고 합니다.

혜능은 남북의 분기점이 되는 바로 이 산마루를 넘어 남
쪽으로 내려갔습니다. 그 뒤 남쪽에서 선풍을 펼쳤기 때문
에 대유령은 선종이 남북 양종으로 갈라지는 상징이 되었
습니다.

애초에 혜명은 가사를 탈취할 의도로 혜능을 뒤쫓다가
대유령에서 마주쳤습니다. 그것이 나쁜 짓이라는 일말의
생각이 마음 한구석에 남아 있기는 했지만, 가사를 탈취하
려는 욕심에 가려져 있었습니다. 그러다 바위에 놓여 있는
가사가 들리지 않자 두려운 마음에 잠자던 양심이 깨어났
고 "5조로부터 받은 법을 듣기 위해서 찾아왔다"라고 본래
의 의도를 감추었던 것입니다. 악을 저질러 괴로운 죄과를

받을까 순간적으로 염려했기에 법을 추구하는 선한 수행자의 모습으로 가장했던 것입니다.

"선이라고 생각하지도 마라"고 한 혜능의 말은 "법을 구하러 온 것이다"라고 한 혜명의 교활한 속을 파 뒤집어 밝힌 말입니다. 반면 "악이라고 생각하지도 마라"고 한 말은 애초에 가사를 탈취하려 했던 의도를 악한 것이라고 생각하지 말라는 뜻입니다. 가사를 훔치려 했던 마음을 악하다고 여기지도 말고, 잠깐 뒤에 법을 찾겠다고 바꾼 마음을 선하다고 여기지도 말라고 혜능이 던져준 말은 당시 혜명의 심리 상태에 딱 들어맞는 화두였던 것입니다.

혜명의 마음에서 오고간 두 가지 갈등을 정확하게 파악하고 그에 따라 그 상황에 딱 들어맞는 두 가지 집착의 대상을 선명하게 일깨워준 것입니다. 혜능은 결코 추상적이고 보편적인 방식으로 선·악 이원의 대립을 넘어설 것을 지시하지 않았습니다. 오로지 그때의 정황을 가장 적합하게 집어내어 한마디 말을 던져 주었던 것입니다.

당사자인 혜명이 그 자리에서 뼈저리게 받아들일 수 있는 소재를 활용한 면모는 후대 조사들의 문답이 뒤따랐던 본보기이기도 합니다. 선과 악 사이에서 오락가락하던 혜명에게 악이라는 길도 선이라는 길도 모두 갈 수 없도록 만들어 곧바로 숨통을 틀어막았습니다. 이 수법은 화두라는 관문을 설정하는 전형적인 방법입니다. 다른 사람이 아닌 바로 그에게, 다른 어느 때가 아닌 바로 그 당시에만 제대로 들어맞는 일회적인 화두였던 것입니다.

혜능의 화두는 선·악 등 어떤 것도 잡을 수 없도록 하여 분별의 수단을 모두 빼앗긴 막막한 지경에 이르도록 했습니다. 후대의 혜구적조(慧球寂照)의 문답에 이 뜻이 나타납니다.

혜구적조에게 어떤 학인이 물었다.
"대유령에서 생긴 일은 어떤 것입니까?"
"그대가 알아차리지 못했으리라고 생각하고 있었다."
"무게가 얼마나 나갑니까?"
"이런 종류의 일은 영원히 어떻게 해 볼 도리가 없느니라."

대유령에서 생긴 일이란 혜명이 가사를 들어 올리지 못했던 것과 혜능이 그에게 던진 화두를 모두 가리킵니다. 가볍게 던져 놓았던 가사의 무게가 얼마나 나간다고 혜명이 들지 못했을까요? 그 가사는 가볍다면 새털보다 더 가볍고, 무겁다면 태산보다 더 무거웠던 것입니다.

'들지 못한다'는 말은 그 화두를 나타내는 하나의 상징입니다. 그것은 선도 악도 잡지 못하도록 궁지에 몰아넣은 혜능의 말과 같이 무겁지도 않고 가볍지도 않습니다. 혜명이 들지 못했다는 이야기는 이 뜻을 나타내기 위한 상징입니다. 그래서 영원히 어떻게 해 볼 수 없다고 한 것입니다.

어떤 분별도 통하지 않고 빠져나갈 출구도 찾을 수 없는 이러한 궁지를 은산철벽(銀山鐵壁)이라 합니다. 눈과 얼음으로 뒤덮인 은산을 아무런 장비도 없이 맨손으로 올라가야 하고, 단단하고 두터운 쇠로 만든 철벽을 온몸으로 뚫고 나가야 하는 상황을 가리킵니다. 그러나 이 궁지가 결코 절망적인 상태를 나타내지는 않습니다. 은산철벽은 진실한 선(禪)의 경계가 열리기 직전의 경계이며, 모든 분별의 예속에서 풀려난 상태이기 때문입니다. 다만 이전에 애지중지하며 써먹던 선과 악 등의 인식수단으로는 어떻게도 처리할 수 없기 때문에 이렇게 상징적으로 표현한 것일 뿐입니다.

| 본래면목 |

혜능이 "혜명 상좌의 본래면목"이라 한 말은 무슨 뜻일까요? 그것은 어디에도 물들지 않고 타고난 그대로의 얼굴이라는 뜻입니다. 선으로 화장하고 악으로 덧칠하여 요모조모 꾸민 장식을 모두 벗겨내고서 드러난 얼굴이 본래면목입니다. 밖의 어떤 요소도 빌리지 않은 '본래'대로 그러한 모습입니다. 그것은 실오라기 하나도 걸치지 않은 맨몸과 같습니다. 악에도 오염되지 않고 선으로 학습되지도 않아 우리들이 생각에 쌓아온 어떤 관념에 끼워 맞추려 해도 어울리지 않습니다. 그런 의미에서 그것은 알고자 하나 어떤 앎의 수단으로도 뚫고 나갈 수 없는 철벽과 같습니다.

혜명이 마주쳤던 그 소식은 이처럼 어떤 생각과 잔꾀로도 뚫을 수 없는 철벽과 같은 경계였습니다. 혜능은 아무런 절차와 단계도 없이 자신이 깨달은 세계를 곧바로 전했던 것입니다. 그것이 돈오의 방법입니다. 혜명은 "이것이 선이고, 저것은 악이다"라고 여겼던 생각의 무기들을 모조리 빼앗긴 채 알몸 그대로 철벽 앞에 섰습니다. 그 자체가 본래면목 이외 다른 것이 아니었습니다.

그것으로 친절하고도 철저하게 본래면목을 고스란히 드러내 주었던 것입니다. 혜능과 혜명이 주고받은 이 대화가 본래면목에 관한 선종 최초의 문답입니다. 여기서 본래면목이라는 말이 시작된 다음 후대에 화두로 널리 쓰이게 되었습니다.

선과 악을 비롯한 모든 인식의 도구가 힘을 잃어 어떤 수단도 부리지 못합니다. 이렇게 어디에도 의지할 수 없는 지경에 도달했을 때 본래면목은 비로소 드러납니다. 원오극근(圜悟克勤)이 "한 생각도 일어나지 않는 경계가 본래면목이다"라고 한 말도 이 뜻과 같습니다.

여기까지 오면 표면적으로 '타고난 그대로의 얼굴' 또는 '진실한 자아'를 나타내는 듯한 말뜻도 통하지 않습니다. 다만 자아가 되었건 타자가 되었건 어떤 생각도 붙을 수 없도록 던져 준 수단일 뿐입니다. '진실한 자아'를 가장하고는 있지만 사실은 방편상의 '허튼 말'이기 때문에 '진실한 자아'라고 못질하여 굳히면 이미 속은 것입니다.

혜능은 혜명에게 앞으로도 나가지 못하고 뒤로도 물러

나지 못하는 이 본래면목을 고스란히 집어 준 것입니다. 피상적으로 일견하면 선도 악도 아닌 그것이 무엇인지 애매하기 짝이 없게 느껴질 수도 있습니다. 그러나 사실은 한번에 뚫리는 궁지에 상대를 몰아넣어 준 것입니다. 이는 진일보할 결정적인 기회를 갖도록 백척간두에 친절하게 들어올려 준 것과 다르지 않습니다.

혜명도 여기서 소식을 얻어 깨달았습니다. 그는 이미 뗏목을 타고 강을 건넌 사람이 되어 선과 악의 소재로 엮은 본래면목이라는 뗏목에 더 이상 의지할 필요가 없는 경지가 되었던 것입니다.

| 직지인심(直指人心) |

이 문답은 돈황본에는 없고 후대의 《육조단경》에만 나옵니다. 왜 본래 없던 이 문답이 추가되었을까요? 그 현장에 드러나 있는 마음을 곧바로 가리켜 깨달음에 이르게 하는 직지(直指)의 방법을 강조하는 방향으로 선법이 변화되었기 때문입니다.

불성도 아니고 진여도 아닌 선과 악 사이에서 오락가락했던 현장의 그 마음, 이것을 그 자리에서 '곧바로 가리키는' 법이 직지입니다. 이러한 선법을 두고 후대 선종의 인물들이 직지인심이라 평가했던 것입니다.

그 '인심'은 누구에게나 있는 보편적으로 선한 마음과 같은 종류는 아닙니다. 본래면목은 다른 그 어디에 감추어져 있는 것이 아니라 현장에 있었던 그 마음일 뿐입니다. 그렇지 않고서야 어떻게 곧바로 가리키는 일이 가능하겠습니까? 최소한으로 보거나 들을 수 있는 실마리가 있어야 "이것이다!"라고 곧바로 가리킬 수 있기 때문입니다.

"들어 보이는 순간 곧바로 알아차린다"라는 조사선의 상용구가 직지인심의 뜻입니다. 선과 악이 모두 박탈된 진실을 곧바로 알아차릴 수 있도록 집어내어 볼 수 있게 했습니다. 이러한 방법으로 가리키는 뜻은 그 찰나에 포착해야 가장 잘 알 수 있습니다.

이와 같이 혜능이 시현해 보인 직지의 방법은 어떤 방편의 매개도 없다는 점에서 돈오와 어긋나지 않습니다. 비록 선과 악이라는 문자를 세웠지만 종국에는 빼앗기 위하여 던져 준 말이기에 세우지 않은 결과와 같습니다. 그래서 직지인심과 짝이 되는 불립문자(不立文字)의 진실도 이 문답에 드러나 있습니다.

고정(古庭)선사가 '직지인심 · 불립문자 · 견성성불'의 취지를 나타내기 위하여 이 문답을 인용하였던 것이 그 하나의 예가 됩니다. 혜능이 눈앞에서 가리켜 보인 본래면목에 도달하고 나면 한 글자도 남아 있지 않은 것입니다.

혜명은 자신에게 본래면목의 진실을 직지해 준 혜능을 스승으로 받아들이면서 스승과 같은 이름자인 '慧'를 쓸 수 없다고 하여 도명(道明)으로 개명했습니다.

4. 이야기 넷: 은둔과 출현

혜명의 절을 받고 작별한 다음 혜능은 대유령의 남쪽으로 발길을 옮겼습니다. 잠시 조계산(曹溪山)에 이르기도 했으나 다시 악인들에게 쫓겨 사회현(四會縣)의 사냥꾼 무리에 섞여 살았습니다. 사냥꾼들의 그물을 지켜 주며 연명했지만 잡힌 짐승은 모두 놓아 주었고, 식사를 할 때도 고기 주변의 나물만 집어 먹었습니다. 자신을 세상에 드러내지 않고 머리를 기르고 은둔자로서 지냈던 이 기간은 15년

이라는 적지 않은 시간이었습니다.

어느 날 혜능은 법을 펼칠 시기라 여기고 더 이상 숨어서 지내지 않기로 결심한 뒤 광주(廣州)의 법성사(法性寺)로 가서 다시 행자의 신분으로 지냈습니다. 하루는 바람이 불어 당간지주의 깃발이 움직이는 모습을 보고 학인들이 두 편으로 갈라져 논쟁을 벌이고 있는 광경을 보게 되었습니다.

한편에서는 "바람이 움직인다"고 주장하고, 다른 편에서는 "깃발이 움직인다"고 주장하며 논쟁은 그칠 줄 몰랐습니다. 그때 혜능이 나와서 말했습니다.

"바람이 움직이는 것도 아니고, 깃발이 움직이는 것도 아니며, 당신들의 마음이 움직이는 것입니다."

그 소리를 들은 대중들은 모두 놀랐습니다.

| 바람과 깃발 그리고 마음 |

사냥이나 도살은 계율에서 금하는 직업 중 하나입니다. 살생이라는 극악한 죄를 저지르는 일을 업으로 삼기 때문입니다. 그것을 모르지 않았을 혜능이 무슨 이유로 굳이 사냥꾼의 무리에 어울려 은둔했을까요? 이 자체도《육조단경》의 극적인 연출에 속합니다. 이렇게 살생을 생계 수단

으로 삼는 사냥꾼 무리 속에서 은둔의 세월을 보냈다는 사실은 법을 펼치기 위해서는 지옥의 고통 속에도 한 몸을 던지는 보살로서의 면모가 나타나기도 합니다. 앞서 말한 이류중행(異類中行)이 그것입니다.

하지만 혜능에게 그러한 평가는 사치에 불과할지도 모릅니다. 그는 다만 운명에 쫓기며 한 곳에 안주할 수 없도록 삶이 전개되었을 뿐입니다. 그것이 오히려 자연스럽게 "머무름이 없이 마음을 일으키는" 초발심의 경지를 강화시켜 어느 곳이 되었건 물들지 않고 머물 수 있었던 것입니다.

6조로 인가 받은 혜능이 대유령에서 혜명에게 화두를 준 이후 사실상 두 번째로 자신의 선법을 펼친 것이 이 법성사의 논쟁 현장에서입니다. 마음이 움직인다고 한 혜능의 말을 바르게 포착하는 것이 문제 해결의 관건입니다. 여기서 대중들이 모두 놀랐다고 했지만 그들은 혜능의 속뜻을 진실로 알았던 것일까요?

이 문답을 두고 일으키는 가장 일반적인 오해는 혜능이 마음을 근본으로 제시했다고 단정하려는 안일한 판단에 기인합니다. '마음'이나 '불성'은 불교의 가르침이 최종적으로 귀결되는 개념이라 해도 틀리지는 않습니다. 그러나 혜능은 이렇게 일반적인 관념에 한정하여 그 말을 던지지 않았습니다. 만일 그렇게 마무리 짓고자 한다면 혜능은 당장에 자신의 화두를 되돌려 달라고 했을 것입니다. 혜능의 말은 간명했지만 최소한 한 꺼풀 정도는 덮여 있었고, 그것을 벗겨내지 않고서는 혜능의 '마음'을 알 수 없습니다. 그 꺼풀은 무엇일까요?

마음이 움직인다고 한 바로 그 긍정적인 발언입니다. 마음도 머물러서는 안 되는 또 하나의 보금자리에 불과하기 때문입니다. 움직이는 당체는 바람도 깃발도 아니고 바로 '마음'이라고 한 말에 혜능은 하나의 장막을 씌워 놓았습니다. 아마도 주변의 대중들은 그 간단한 마음을 놓쳤다고 자책하며 놀랐을지도 모릅니다. 그러나 혜능은 이것을 확정된 해답으로 주지 않았습니다. 긍정 속에 다시 부정할 기세를 가만히 숨겨둔 것입니다.

황벽(黃檗)선사는 어떤 것도 구하면 안 된다고 하면서 "부처에 얽매여 구하지 말고, 법에 집착하여 구하지 말며, 중생에 얽매여 구하지 마라"고 하였습니다. 부처나 법이나 중생과 마찬가지로 마음도 머무는 보금자리가 되면 속박으로 전락할 뿐입니다. 마음이라는 긍정의 형식에 잠복해 있는 부정의 꺼풀을 발견하지 못한다면 마음의 묘미를 결코 느낄 수 없게 됩니다.

무문혜개(無門慧開)가 "바람이 움직이는 것도 아니고, 깃발이 움직이는 것도 아니며, 마음이 움직이는 것도 아니다. 어디서 조사의 뜻을 알아차릴 수 있을까?"라고 한 말은 6조의 그러한 의중을 간파한 데서 나왔습니다. 6조가 숨겨 놓은 뜻을 들추어내어 그 화두를 제대로 살려내었던 것입니다. 마음에 해답이 있을 듯하지만 여기에 안주하려 하면 그대로 침몰하고 맙니다. 그것은 빗장을 걸어 놓은 문〔關門〕이었으며, 주어진 그대로 통과할 수 있도록 활짝 열려 있는 문이 아니기 때문입니다.

따라서 "바람도 깃발도 마음도 모두 움직인다"라고 하거나, "바람도 깃발도 마음도 모두 움직이지 않는다"라고 하거나, 그 세 가지는 철저하게 같이 움직이거나 함께 움직이지 않거나 하는 한 덩어리일 뿐입니다. 이러한 방식으로 세 가지 어디에도 머물 여지가 전혀 없을 때 혜능의 말은 효용을 나타내게 됩니다.

"그 어디에도 머물지 말고 마음을 일으켜라"고 한 《금강경》의 진실을 되뇌어 보시기 바랍니다. 이상의 말들이 각인되어 있다면 애초에 혜능이 말한 "마음이 움직인다"라고 한 그대로 받아들여도 하자가 없을 것입니다.

5. 이야기 다섯: 견성의 도

당시 법성사에서 《열반경》을 강설하고 있었던 인종(印宗)은 바람과 깃발에 관한 이야기를 전해 듣고 혜능의 비범함을 알아보았습니다. 그가 물었습니다.

"5조의 의발과 법을 전수받은 이가 남쪽으로 왔다는데, 혹시 행자가 아니십니까?"

혜능이 수긍하자 인종은 제자의 예를 갖추고 전수받은 가사와 발우를 보여 달라고 청했고, 혜능은 대중 앞에 그것을 보여 주었습니다. 인종이 또 물었습니다.

"황매에서 전수받은 가르침은 어떤 것이었습니까?"

"지시해 주신 가르침은 별다른 것이 없었습니다. 오로지 견성(見性)만 말씀했을 뿐, 선정(禪定)에 의한 해탈은 거론하지 않으셨습니다."

"어째서 선정에 의한 해탈은 거론하지 않으셨습니까?"

"이는 두 가지 법이며 불법이 아니기 때문입니다. 불법은 두 가지 대립에 얽매이지 않는 법〔不二之法〕입니다."

"불법이 두 가지 대립에 얽매이지 않는 법이라는 말은 무슨 뜻입니까?"

이에 혜능은 인종이 강설하는 《열반경》의 말씀을 예로 들었습니다. 변함없이 언제나 존재한다는 상(常)이라는 견해와 모든 것이 결국은 덧없이 사라진다는 무상(無常)이라는 견해가 두 가지 대립입니다. 불성은 이러한 두 가지 견해 중 어느 편으로도 단정할 수 없다는 말입니다. 아울러 "선(善)과 불선(不善) 중 어느 편도 아닌 도리가 불성이다"라는 경전의 말씀도 들어서 증빙했습니다.

앞서 언급했듯이 "모든 중생에게 불성이 있다"라는 구절은 상과 무상 또는 있음과 없음 등 양변 어디에도 속하지 않는다는 맥락에서 이해해야 한다는 뜻입니다. 혜능은 인종에게 설한 법문의 마지막 부분에서 "두 가지 대립이 없는 본성〔無二之性〕이 불성이다"라고 분명하게 말했다는 것을 기억하십시오.

인종은 혜능의 머리를 깎아 주고 정식으로 출가의 형식

을 갖추도록 하면서 스승으로 섬길 수 있기를 바랐습니다. 이때 6조의 나이는 39세였습니다. 그 뒤로 혜능은 마침내 처음 행자 생활을 했던 동산(東山)으로 돌아가 법석을 열게 되었습니다.

| 불이(不二)의 법 |

혜능은 어디에도 머물지 말라는 《금강경》의 구절에서 발심하였습니다. 그 뒤 혜명에게 선과 악을 넘어선 본래면목을 화두로 제시했습니다. 이 과정을 겪은 혜능의 일관된 선사상이 여기서도 보입니다. 5조 문하에서 신수의 게송에 맞서 게송을 읊었을 때, 혜명을 만나 본래면목을 지시했을 때, 바람과 깃발의 논쟁에 끼어들어 소식을 전했을 때, 이 세 가지 기회를 맞아 모두 선사로서의 날카로운 안목을 드러낸 장면이 전개되었습니다.

그런데 여기서 인종과 해우했을 때 혜능은 조금 다릅니다. 《열반경》을 강설했던 그에게 적절하게 그 경의 교학적 배경을 드러내어 돈오견성에 대하여 간명하지만 친절하게 설명했던 것입니다.

혜능은 불법에 대하여 단적으로 불이(不二)의 법이라

말합니다. 그것은 두 가지 대립 중 어느 편에도 얽매이지 않는 법을 가리킵니다. 이는 경전의 교설 전반에 대한 혜능의 압축된 견해이기도 합니다. 《육조단경》에는 《금강경》을 비롯한 반야계의 경전과 《열반경》의 불성론이 잘 융합되어 있습니다. 혜능은 이 두 경전의 요지가 불이의 법을 기초적인 이론으로 삼는다고 이해한 것입니다. 불이의 법은 전통적인 연기설에서 두 가지 대립으로 나타나는 모든 법이 서로 의존하여 상대를 성립시키기도 하고 소멸시키기도 한다는 의미를 확연하게 교법의 중심으로 세운 것입니다.

두 가지 법이란 무엇일까요? 밝게 아는 지혜〔明〕와 어리석은 무명(無明), 선한 도와 악한 도, 자아〔我〕와 무아(無我), 유와 무 등을 말합니다. 이들 대립의 두 요소들은 독립하여 존재하지 못하고 서로를 성립시키기도 하고 서로 파괴하기도 하면서 떨어질 수 없는 관계로 연결되어 있습니다. 어느 편도 우열하거나 열등하지 않고 선후의 관계로 성립되지도 않습니다.

공(空)이란 그러한 이치 자체를 가리킵니다. 대립의 양편이 모두 공으로 인식되는 것입니다. 《육조단경》에서는 이러한 두 가지 짝을 모두 36개 거론하여 반야의 공을 설명하기도 합니다.

어둠은 그 자체로 어둠이 아니라 밝음으로 인한 어둠이다. 어둠은 그 자체의 어둠이 아니라 밝음이 변하여 어둠이 되고, 어둠으로써 밝음이 드러난다. 밝음과 어둠은 오가면서 서로의 원인이 된다. 36가지 짝이 되는 법도 이와 같다.

어둠과 밝음을 대표적으로 거론하였지만 두 가지로 대립하는 나머지 모든 짝들도 이 논리에 따르는 것입니다. 이 논리로 보면, 대립하는 양측에서 어느 하나만 별도로 떼어내어 이해하려 든다면 진상을 파악할 수 없습니다.

또한 하나를 위해 다른 하나를 완전히 제거하려는 시도도 불가능합니다. 더 나아가 밝은 광명으로 어둠의 세력을 무찌른다는 식의 상징은 허탄하기 짝이 없는 망상이 됩니다. 사람들의 의식에 내려앉아 있는 이들 모든 대립은 한 덩어리이기 때문입니다.

예를 들면, 유는 무를 비추는 거울과 같고 무는 유를 비

추는 거울과 같습니다. 유는 무라는 거울에 비추어 보아야
비로소 자신의 본 모습을 바르게 알 수 있고, 무도 마찬가
지입니다. 혜능이 "어떤 사람이 유에 대하여 물으면 무로
써 대하고, 무에 대하여 물으면 유로써 대하라"고 한 뜻은
이러한 맥락입니다. 서로 대립하는 유와 무가 자유롭게 오
가는 것에 역동적인 중도의 의미가 자리잡게 됩니다.

　유가 유에 머물면 병이며, 그것을 치료하는 약은 무입니
다. 무도 그 자체에 머물면 마찬가지로 병이며 치료약은 유
가 됩니다. 유와 무 어느 편에도 머물지 않고 마음을 쓰는
방식이 반야의 공을 자신의 것으로 만드는 길이라 하겠습
니다. 이러한 두 가지 법에 대하여 《육조단경》에서는 이렇
게 결론짓습니다.

　지혜로운 이는 두 가지 법의 본성이 다르지 않음을 분명
히 통달한다. 두 가지가 아닌 본성이 곧 진실한 본성이다.

　이것은 《반야경》에서 그대로 빌려온 구절입니다. 이러
한 보편적인 이치를 5온과 18계 등 나머지 모든 요소에 적
용하여 설명합니다. 이것이 견성의 이론적 토대이자 실천

상의 지침이 된 것입니다. 견성은 선과 악 등 대립하는 두 가지 상을 먼저 보여 주고 마지막에는 두 가지 어느 편에도 기울지 않는 불이의 법으로 마무리하는 형식이라 할 수 있습니다. 이전에 혜능이 혜명에게 선도 악도 아닌 본래면목을 화두로 던져 주었을 때의 상황을 떠올려 보면 이 구조에 들어맞습니다.

《육조단경》에서 불이의 법은 돈오견성을 목표로 지향합니다. 견성은 실천이지만 그것에 이르기 위하여 설정하는 방법상의 틀이나 견성의 경지를 설명하는 근거는 대체로 불이의 법과 일치한다고 보아도 무방한 것입니다.

| 견성만 말하다 |

'선정에 의존하는 해탈'이란 선정에 들어서 마음을 관찰하고 다스리며 점차로 높은 단계를 성취한 끝에 이루는 해탈이라는 뜻입니다. 표현은 다르게 했지만 사실상 점수를 가리키며, 여기서 선정이란 좌선과 일치합니다.

그렇다면 그 다음에 '오로지 견성만 말씀했다'라는 뜻도 자연스럽게 이해가 됩니다. 그것은 '선정에 의존하지 않은 해탈'을 말합니다. 선정에 의존하지 않는 방법이 돈오이며 돈오의 방법에 의한 해탈이 바로 견성입니다. 여기서 말하는 견성은 분명히 돈오견성입니다. 해탈이라는 같은 목적을 추구하더라도 그 방법이 달라졌기 때문에 견성을 강조했던 것입니다. 이 견성은 돈오를 그 방법적 특징으로 삼는 돈오견성입니다.

보통 이 구절을 "오직 견성만 말하고 선정과 해탈은 말하지 않았다"라고 번역하지만, 이것은 대의에 맞지 않습니다. 선정에 의한 해탈은 선정이라는 단계와 해탈이라는 결과가 이분되어 있기 때문에 불이의 법이 아니라고 비판한 것입니다. 반면 돈오견성은 깨달음의 수단과 목표가 하나로 통일되어 있으므로 불이(不二)의 뜻에 적합합니다. 혜능이 새롭게 고안한 선법은 좌선에 의해서 추구하는 해탈을 비판하면서 그 정체를 드러냅니다. 이것은 뒤에서 자세히 말씀드리겠습니다.

모든 유형의 두 가지 대립을 벗어나서 성취하는 견성에 대하여 혜능은 분명하게 다음과 같이 말하고 있습니다.

미혹도 떠나고 깨달음도 떠나서 항상 반야를 일으키고, 진실도 제거하고 거짓도 제거하면 그것이 견성이니 그 자리에서 불도가 이루어질 것이다.

미혹과 깨달음, 진실과 거짓 등의 양변 어디에도 머물지 않는 그 자체가 견성이며 그런 즉시 불도가 완성된다는 뜻입니다. 이것이 선정에 의존하지 않는 돈오견성의 온전한 의미입니다.

우리는 일상에서 미혹을 버리고 깨달음을 손에 넣으려 하거나 진실을 확고히 붙들고 거짓은 버려야 한다는 논리에 물들어 있습니다.

그 두 가지가 서로 의존하는 관계로 성립되는 관념상의 개념에 불과하다고 알고 있더라도 일상의 의식에서는 좀처럼 그렇게 깨어 있질 못합니다. 자신에게 진실한 사람을 가까이하고 거짓을 일삼는 사람은 멀리하려는 것은 당연하다고 받아들이는 것입니다.

그러나 견성을 추구하는 한 이렇게 한편을 선택하고 다른 한편을 버리는 방식은 스스로 덫에 걸리는 어리석은 행보에 불과합니다.

이상이 혜능 스스로 동산의 보림사에서 최초로 설법하

면서 밝힌 자신의 이야기입니다. 여기에 혜능 선법의 원천
이 있습니다. 혜능은 이후 자신의 모든 선사상을 이상에서
얻은 체험에서 끊임없이 퍼 올릴 수 있었던 것입니다.

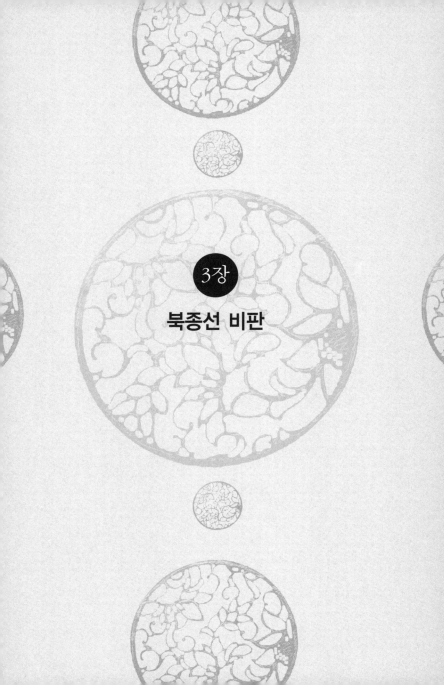

3장

북종선 비판

1. 좌선 비판

디딜방아를 찧으며 일상의 노역에 시달렸던 혜능, 그에게 고요한 삼매의 앉은 자리를 고수하고 있는 부처는 종자가 다른 저편의 귀족에 불과했습니다. 그는 앙상하게 뼈만 남은 몸으로 방아에 무게를 더하기 위해 돌덩이를 치렁치렁 매달고 방아에 매달려야 했습니다. 그에게 부처란 더불어 한 발 눌러주는 사람일 수밖에 없었습니다.

그러한 구원의 손길을 기대할 수 없다면 그 현장에서 부처가 되는 방법을 스스로 모색하지 않을 수 없었을 것입니다. 《육조단경》의 좌선 비판은 이러한 혜능의 버거운 일상에서 출발합니다.

5조 홍인이 주석하며 7백여 학인들을 교화했던 중국 호북성(湖北省) 기주(蘄州) 황매현(黃梅縣)의 동선사(東禪寺)라는 절에는 지금도 혜능이 방아를 찧을 때 허리에 매달았던 돌이 남아 있다고 합니다. 그것을 추요석(墜腰石)이라고 합니다. 행자 시절의 혜능을 두고 '돌덩이를 짊어지고 방아를 찧는 거사'라는 뜻에서 부용거사(負舂居士)라 부르게 된 것도 여기서 비롯한 것입니다. 어떻든 간에 혜능은 방아를 찧는 순간마다 앉아서 하는 수행법과 다른 방법을 찾았던 것입니다.

　《육조단경》이 선종의 방법과 사상을 획기적으로 전환할 수 있었던 모태는 그러한 혜능의 삶과 연계된 좌선 비판에 있습니다. 이것을 좌선 자체의 부정이라고 보아서는 안 됩니다. 좌선은 전통적으로 수행의 가장 기본적인 방법이었고 6조 혜능 이후에도 지속되어 오늘에까지 단절되지 않는 수행법이기 때문입니다.

　이 비판의 화살은 좌선에만 치우쳐 생생한 현실의 갖가지 상황에서 선(禪)체험을 전개하지 못하는 맥 빠진 좌선을 노리고 있습니다. 이를 통하여 선이 일상의 곳곳에 스며드는 법도로 확장되었습니다. 하지만 그 어떤 것보다 혜능의 체험이 그 중심에 자리잡고 있다는 사실을 알아야 합니다.

《육조단경》에는 혜능이 6조로 인가되기 이전에 좌선을 실천했다는 기록은 보이지 않습니다. 그것으로 그가 좌선을 하지 않았다고 단정할 수는 없습니다. 좌선 비판에 의지하여 선법을 전환하려 했던 《육조단경》 편집자들의 관점이 이러한 연출을 가능하게 만들었다는 점은 분명합니다. 또한 '좌선'을 특별히 하나의 장으로 독립시키고 있는 만큼 각별한 주의를 기울이고 있지만, 그것은 비판의 실마리를 뚜렷하게 드러내기 위한 것일 뿐입니다.

그렇다면 이 비판은 좌선의 어떤 측면을 대상으로 삼으며 그 최종 목적은 무엇일까요? 좌선의 앉아 있는 자세가 나타내는 상징은 어떤 것에도 흔들리지 않고 어떤 망상도 일으키지 않는 고요함입니다. 그것을 이루기 위해 마음이 미혹되지 않도록 간수하고 마음의 청정하고 고요한 본질을 관찰합니다.

만약 가만히 앉아서 움직이지 않는 상태 자체가 옳다면, 고요한 숲 속에서 좌선하고 있던 사리불(舍利弗)을 질책한 유마거사(維摩居士)의 처사는 합당하지 않았을 것이다. 또한 어떤 사람들은 학인들에게 가만히 앉아서 "마음을 잘 간수하고 청정한 본질을 살피며, 어떤 것에도 흔들리지 말고 어떤 생각도 일으키지도 마라"고 가르치면서 이것으로부터 공을 늘어놓는다. 어리석은 사람들은 그 잘못을 모르고 이 말에 집착하여 그릇된 견해를 지니게 된다.

앉아 있는 그 자리에 속박되는 좌선이 비판의 대상입니다. 《육조단경》은 마음을 일으켜 활발하게 세상에 자기 몸을 던져 전개해도 그것에 물들지 않는 경지를 지향합니다. "보고 듣고 느끼고 아는 작용을 하면서도 그 모든 경계에 물들지 않고 자신의 본성은 항상 자유롭다"라고 한 말이 좌선을 넘어서는 6조의 선(禪)입니다. 이 때문에 마음과 몸의 고요한 상태를 추구하는 좌선의 특징은 도리어 그러한 자유를 속박하는 장애가 되는 것입니다.

유마거사가 사리불의 좌선을 비판하는 내용은 다른 곳에서도 인용하고 있습니다. 여기서 6조는 "한결같이 앉아서 마음의 부동을 유지하는 상태"라고 그 뜻을 풀고 비판의 대상으로 제기합니다. 인용문에서 '마음을 잘 간수하고 흔들리지도 일으키지도 말라'고 가르치는 사람들은 북종의 선사들을 나타냅니다.

　마음을 일으켜 대상 속에서 움직여도 그것에 물들어 속박되지 않는 것이 6조가 내세우는 선의 관건입니다. 북종의 신수는 이렇게 말합니다.

　　마음이 동요하지 않는 것이 정(定)이고 지혜이며 근본 이치이다. (예를 들면) 귀가 소리에 동요하지 않는 것이 색(色)이고 현상이며 지혜인 것이다. 동요하지 않는 이 상태는 정(定)으로부터 혜(慧)를 일으키는 방편이며, 지혜의 문을 여는 방법이다.

　혜능은 점차로 심화하는 방식의 선법을 부정합니다. 동요하지 않는 마음을 근본으로 삼아 혜라는 또 하나의 단계로 나아가는 선법을 비판의 대상으로 제기했던 것입니다. 몸을 흔들며 대상 경계로 약동하는 바로 그것이 6조가 궁극적으로 바라보았던 세계입니다. 이것이 활발발(活鱍鱍)하게 전개하는 선법의 기초를 닦았던 안목인 것입니다. 활발발이라는 한자어는 마치 물고기가 헤엄을 치듯이 또는 방금

낚아 올린 물고기가 파닥파닥 몸짓을 하는 듯이 대상을 마주하고서 생기 있게 움직이는 선을 상징하는 말입니다.

활발한 작용 없이 고요한 본체의 관조를 일삼는 좌선은 선(禪)의 본래 영역이 아니며 병폐라는 점을 지적하여 북종의 좌선을 비판합니다. 북종 신수의 제자 지성(志誠)과 혜능의 다음 문답에 이 뜻이 보입니다.

혜능이 지성에게 물었습니다.

"너의 스승은 어떻게 대중을 가르치는가?"

"항상 마음에 머물러 고요함을 관조하고, 눕지 않고 오랫동안 앉아 있는 장좌불와(長坐不臥)를 대중에게 가르칩니다."

"마음에 머물러 고요함을 관조하는 것은 병이며 선이 아니다. 오랫동안 앉아 몸을 구속하는 것이 근본적인 도리에 무슨 보탬이 되겠는가!"

앉은 그 자리에 속박되는 선은 대상 세계에서 움직이는 혜(慧)의 활용을 잃어버립니다. 정(定)을 부정하는 것이 아니라 혜의 작용을 상대적으로 강화하는 선법에 기반을 두고 있는 까닭입니다. 돈황본에는 이 문답이 보이지 않으며, 종보본에 추가된 것으로 북종 비판과 더불어 혜의 의미가 강화되는 추세를 반영하고 있습니다. 마음을 살피고 그 청정함을 지키는 북종의 좌선법이 주요 비판대상이 됩니다. 이는 선을 동적인 세계로 이끌어내고자 하는 《육조단경》의 목표에 따르는 것입니다.

후대 선사상의 전환을 나타내는 일화 중에 "벽돌을 갈아 거울을 만들 수 없는 것처럼 좌선을 해서 어떻게 부처가 되겠는가?"라는 남악회양(南嶽懷讓, 677~744)의 말이 있습니다. 좌선에 몰두하여 활발한 작용을 상실한 마조도일(馬祖道一, 709~788)의 수행법을 경각시켜 주기 위하여 남악회양이 일부러 벽돌을 갈았다는 이야기입니다.

이 가르침을 기점으로 마조는 좌선으로부터 평상의 생활에서 도를 구현하는 방향으로 선법을 전환했던 것입니다. 그것을 가리켜 "평상심이 도"라고 합니다. 이 때문에 마조를 조사선의 실제적 비조로 평가하기도 합니다. 6조 혜능이 터를 닦은 좌선 비판의 성과가 마조에서 꽃을 피우기 시작했던 것입니다. 《마조어록》의 첫머리에 이 이야기를 배치한 의도도 혁신의 의미를 부각시키고자 했던 것입니다.

이때부터 선은 앉아서 수행하는 좌선의 영역을 벗어나서 가거나 머물거나 누워 있는 것 그리고 말하거나 침묵하거나 움직이거나 고요하게 있는 것 등 생활의 모든 양태로 접어들게 됩니다. 이러한 전환의 단서를 뚜렷하게 보인 책이 《육조단경》입니다.

이후 이 책은 선의 방향을 결정하는 길잡이가 되었고, 그 주인공 혜능은 조사의 본보기가 되었습니다. 혜능 이후 대세가 되었던 조사선의 선법은 특정한 영역에 제한되지 않고 모든 곳으로 개방될 수 있다는 관점에 근거하여 활발하게 전개되었던 것입니다.

2. 정혜사상 비판

고요한 선법은 생리적으로 6조의 감수성에 어울리지 않았습니다. 나무를 베고 방아를 찧으며 희로애락이 교차하는 활발한 일상을 피할 수 없었던 6조에게 마음을 비우고 앉아 있는 자리는 사치에 지나지 않았기 때문입니다. 정

(定)보다 혜(慧)의 작용을 중시하는 《육조단경》의 선법은 그와 같은 6조의 감성에 기인합니다. 이것은 동시에 북종 비판의 뿌리이기도 합니다.

《육조단경》의 선사상은 종래의 선법에 대한 비판에서 형성되었습니다. 그 비판의 주된 대상은 북종선입니다. 표면적으로는 북종선의 신수를 거론하지만 실은 종래의 선법에 대한 총괄적인 반성과 비판을 통하여 남종선이라는 깃발 아래 새로운 선법을 창안하려는 의도로 제시된 것이었습니다.

6조는 좌선에 의지하여 삼매에 들어가는 방법을 중시했던 이전의 선법 전체를 뒤집어엎고 앉거나 눕거나 가거나 머물거나 모두 선(禪)이요 삼매와 다르지 않는 세계를 열어 놓으려 했습니다. 이것이 혜를 중시하는 선법으로 정착하게 됩니다.

선(禪)은 정(定)과 혜(慧)가 온전히 한 덩어리가 될 때 이상적으로 실현됩니다. 정은 고요한 삼매의 상태이고 혜는 생기 있는 지각과 행위의 작용을 모두 나타냅니다. 고요함에서 나오는 작용은 들뜨거나 불안하지 않고, 활발한 지각이 있는 이상 삼매는 고요함과 어두움에 침몰하지 않습니다. 정과 혜가 이렇게 서로 의존하며 하나가 되어 있는 상태를 《육조단경》에서는 정혜일체(定慧一體)라고 합니다. 그것은 가장 바람직한 선(禪)의 경지이기도 합니다. 정이 혜와 다르지 않고 혜가 정을 벗어나지 않는 불가분한 관계인 것입니다.

그럼에도 불구하고 《육조단경》은 활발한 지혜[慧]를 좀 더 중시하며, 이것이 정(定)의 고요함에 경도된 선법을 물리치고 현실 속에서 삼매를 실현하는 근거가 되었던 것입니다.

그런데 역설적으로 선종에서 모든 선법의 기초가 되는 정혜사상은 북종선의 신수로부터 본격적으로 제기되기 시작하였습니다. 《육조단경》에서는 신수의 정혜사상을 "정으로부터 혜를 일으킨다" 또는 "먼저 정에 들어간 다음에 혜를 드러낸다"라는 두 구절로 요약했습니다. 그 특징은 정과 혜 중에서 먼저 정을 완결하고 나서 혜를 지향하는 방법에 있었습니다. 이 특징을 잡아 《육조단경》에서 북종선을 비판한 것입니다.

정을 앞세우고 나중에 혜를 발휘하는 선법에 대한 비판은 정·혜가 하나라는 관점에서 이루어집니다. 이 두 가지는 한 몸이기 때문에 별도로 닦을 수 있는 방법이 없습니다.

정·혜 사이에는 앞뒤의 차이가 없다는 논리에 따라 북종선의 수행법을 비판하고 정혜쌍수(定慧雙修)가 부각됩니다.

6조가 "나의 이 법문은 정혜를 근본으로 삼는다"라고 한 말은 이상과 같은 맥락입니다. 북종선과 관점을 달리하는 혜능의 정혜사상을 요약하면 다음과 같습니다.

무엇보다 정과 혜는 근본적으로 다르지 않습니다. 정은 혜를 받쳐주는 본체이자 근거이며, 혜는 정에서 일어나는 작용이기 때문입니다. 혜가 발휘되는 그 순간에 정은 사라지지 않은 채 그 안에 함께 들어 있고, 정에 들어가 있을 때도 혜는 정 속에서 작용하고 있습니다. 이 두 가지는 평등하게 서로의 존재에 침투되어 있고 결코 떨어질 수 없습니다. 마치 새가 두 날개 중 하나를 잃으면 날 수 없고 두 날개를 동시에 저어야 허공을 비행할 수 있는 것처럼 선정(禪定)의 수행도 정과 혜를 모두 갖추어야 될 뿐만 아니라 어느 찰나에도 함께 움직일 수밖에 없다는 뜻입니다.

따라서 정에 들어간 다음에 혜를 발휘한다거나, 반대로 혜를 먼저 닦고서 정에 들어가는 것은 불가능합니다. 정과 혜를 선후의 관계로 설정하는 북종의 방법은 조작된 견해에 불과하다는 비판은 여기서 발생합니다.

선정과 지혜를 떨어질 수 없는 하나의 쌍으로 보는 관점은《육조단경》의 전유물은 아닙니다. 하지만 이것을 그 시대에 알맞은 맥락에서 응용하여 종래의 수행법을 비판적으로 정리하고 새로운 선법을 개척하는 수단으로 활용한 점은 바로《육조단경》의 성과물입니다.

선정의 극치에서 실현되는 고요한 마음이 있어야 구체적인 현실에서 장애가 없는 지혜가 발휘됩니다. 이것은 불교 전반에서 공유하는 근본입니다.

《육조단경》에서는 이 근본을 무너뜨리지 않는 한에서 혜를 강조하고 있는 것입니다. 고요함은 선정의 어둠에 갇혀 있지 않고 생생하게 감촉되는 밝은 현상 속으로 나옵니다. 삼매의 경계가 폭넓고 다양하게 펼쳐지는 세계를《육조단경》은 구현하려 했습니다. 선정의 고요함에 눌러앉지 않고 일상의 무대에서 자신을 펼치는 조사선은 이러한 비판사상에 힘입은 결과입니다. 《육조단경》은 조사선의 탄생에도 결정적인 계기가 되었던 것입니다.

지혜를 일방적으로 높이 드러내면 될 일이지 굳이 선정과 지혜가 하나라는 이치를 강조한 의도는 무엇일까요? 그것은 좌선 중심의 고요함에 기울어진 당시 선법의 뿌리를 흔들기 위한 정공법이라 할 수 있습니다. 동시에 이 좌선 비판은 활용을 효과적으로 부각시키려는 의도를 충실하게 도와줍니다. 삼매의 고요함보다 그것의 화려한 변신이 《육조단경》의 주안점인 셈입니다.

이처럼 6조의 정혜사상은 정혜의 본질을 밝히면서 북종 비판을 겸하고 있습니다. 북종은 정(定)이 완성된 다음에야 비로소 혜(慧)를 발휘할 수 있다고 여깁니다. 일상의 할 일을 버리고 별도로 고요함을 누리는 경험을 갖지 못했던 혜능의 행자 시절에 비추어 볼 때 활용에 앞서 미리 삼매의 고요함에 들어가는 것은 현실적으로 불가능한 일이었습니다. 《육조단경》의 정혜일체는 이처럼 시끄러운 환경 구석 구석에 구현되어 있는 고요함이었습니다. 그것은 6조가 걸었던 가장 자연스러운 길이기도 했습니다. 6조는 북종의 수행법이 이러한 현실과 어긋난다고 보았습니다. 이와 동일한 의도에서 삼매(定)에 들어가는 방법에 치우친 좌선을 비판했던 것입니다.

《육조단경》의 정혜사상은 신수의 정혜법을 비판하면서 정착하였고 그것은 돈오견성의 요소 중 하나가 되었습니다. 6조의 수행법은 정과 혜가 동시에 하나의 삼매에 실현되는 돈오였고, 이를 정혜일체 또는 정혜쌍수라고 불렀습니다. 상대적으로 점점 깊이 삼매에 들어가 고요함의 극치를 구현하고, 그 다음 단계로 혜를 일으키는 북종의 수행법은 점수라고 규정했습니다. 정과 혜 사이에 하나씩 단계적으로 밟고 올라갈 순서를 정해 놓았기에 점수인 것입니다. 정혜에 대한 관점의 차이에서 남종과 북종의 수행법이 갈라지고 그것은 돈오와 점수의 차이로 나타납니다.

3. 혜(慧)를 지향하는 선법

이상에서 보듯이 《육조단경》에서 말하는 정과 혜는 한 몸뚱이의 팔다리와 같이 별개의 것이라 할 수 없고, 어느 편이 다른 편에 앞서지 않으며, 고요함과 활발함이라는 요소가 서로 침투되어 있는 관계입니다. 이러한 특징이 둘 사이를 선후 관계로 설정하는 정혜사상에 대한 비판의 근거가 됩니다. 이것은 무엇보다 좌선을 통하여 고요한 삼매에 들어가는 북종선을 비판하기 위한 설정입니다.

이 비판에 따르면, 북종을 포함하여 당시에 유행하던 선법이 정혜에 근거한다고 해도 근본적으로 혜의 작용보다는 정을 우선으로 하는 방법에 몰두하고 있다고 파악했음을 알 수 있습니다. 점수와 돈오의 차이도 이 점과 밀접한 관계가 있습니다.

이 맥락에서 점수란 무엇일까요? 전통적으로 정(定)을 먼저 확보하는 데 주력하는 선법을 가리킵니다. 그것에는 세 가지 특징이 있다고 《육조단경》에서는 주장합니다. 첫째는 마음의 고요한 본질을 살피고〔看心〕, 둘째는 산만하게 흩어지는 마음을 거두어들이며〔攝心〕, 셋째는 고요한 상태가 사라지지 않도록 지키는 것〔守心〕입니다. 이 세 가지 수행법은 마음의 고요〔定〕를 유지하기 위하여 다양한 단계의 점수법을 요구합니다.

"언제나 부지런히 털고 닦아, 먼지나 때가 묻지 않게 하라"고 한 북종 신수의 게송은 망상을 점차로 제거하여 깨끗하고 고요한 마음을 유지하려는 점수법을 나타냅니다. 이것은 망상이 일어나지 않는 상태를 지향하는 좌선 수행의 요지이지만, 정과 혜가 완비되지 못하고 정에 기울어진 것입니다.

반면에 《육조단경》에서 목표로 삼는 견성은 정혜일체의

체험입니다. 그것은 결코 정을 우선적으로 요구하지 않으며, 정과 혜 사이에 선후가 없이 동시에 구비되는 경계이고 그것이 바로 돈오견성입니다. 이 사상은 여타의 선법과 서로 긴밀한 연관을 가지면서 북종 비판의 토대가 되었던 것입니다. 위와 같이 정(定)을 고수하며 '마음을 일으키지 않는' 좌선 수행을 비판함으로써 혜(慧)의 활발한 작용을 선법의 중심으로 전환시키는 결정적인 계기가 되었습니다.

마음을 일으키지 않는 북종의 수행법에 대하여 6조는 마음을 적극적으로 '일으키는' 수행법을 지향합니다. 물론 이것은 정과 혜의 일체에 기초를 두고 있습니다. 유포본 《육조단경》에서는 이 점을 더욱 강조하여 "마음을 일으키지 않는다"는 요지로 쓴 와륜(臥輪)선사의 게송에 대하여 "마음을 자주 일으킨다"는 취지를 담은 혜능의 게송을 창안해 냈습니다.

어떤 학인이 와륜의 다음 게송을 읊었습니다.

와륜은 기량이 있어
온갖 생각 다 끊었네
경계 마주해도 마음 일지 않으니

깨달음 나날이 자라네.

혜능이 듣고 나서 이 게송에 의지하여 수행하면 속박을 덧붙이게 된다고 하면서, 그에 대응하는 게송 한 수를 제시했습니다.

혜능은 기량 전혀 없어
온갖 생각 끊지 못했네
경계 마주하면 마음 자주 일어나니
깨달음이 어찌 자라랴!

어떤 대상과 마주치거나 망상이 일어나지 않는 것으로는 부족하며, 적극적으로 대상 속에 어울려 살면서 마음을 활용해 나가는 방식이 《육조단경》의 목표입니다. '마음이 일어나지 않는 것'은 자기 본성[自性] 자체에 한정된 수행법입니다. 대상에 대한 모든 생각을 끊어 없애어 정(定)을 먼저 완성한 다음에 혜(慧)를 운용하는 점수의 뜻이 됩니다.

'자주 일어나는' 혜능의 마음은 그러한 단계적 절차에 따르는 방법을 버리고 자성의 본질이 곧바로 눈앞의 세계에 펼쳐지는 방식을 중시합니다. 이것이 《육조단경》에서 말하는 돈오의 궁극적인 목표입니다. 여기서 다시 한 번 8 개월 동안 방아를 찧으면서 삼매에 들어가 두 가지를 조화 시켰던 그 일화를 떠올려야 합니다. 정(定)보다 혜(慧)에 치중하는 《육조단경》의 의식은 6조가 겪어왔던 삶의 궤적 과 필연적으로 연관되는 것입니다. 돈오는 다양한 대상 경 계에 전개되는 혜의 작용 바로 그것일 수밖에 없습니다.

이상과 같이 망상을 끊고 어떤 마음도 일으키지 않는 삼 매 위주의 선법을 비판하는 근본적 이유는 경계 속에서 살 아 움직이는 활력이 없기 때문입니다. 돈오를 지향하는 선 법은 단지 자성 안에서 정혜의 일체와 평등을 실현하는 것 일 뿐만 아니라 무엇보다 대상 경계 속에서 그것을 활용하 기 위한 것입니다. 이러한 돈오는 좌선 비판이 마지막에 도 달하고자 했던 목적지이기도 합니다.

4. 종파적인 성격

혜능과 신수를 대표자로 내세워 남종선과 북종선의 분

파와 갈등을 이끈 장본인은 신회 또는 그 추종자들입니다. 이들은 혜능의 삶에서 이 비판의 소재를 충분히 얻을 수 있었습니다. 신회는 북종선을 깎아내리면서 남종선을 정통으로 세상에 널리 알렸고 이러한 운동이 《육조단경》의 변화에도 영향을 미쳤습니다. 6조의 선법과 행적을 담은 《육조단경》은 이러한 종파적 배경을 떠나지 못합니다. 이 비판은 남종선이라는 큰 흐름을 형성하여 선법 자체를 혁신하였기 때문입니다.

《육조단경》의 비판사상에는 북종선을 형성하고 있는 현실적인 지반에 대한 도전과 남종의 정통성 확보가 그 배경을 이루고 있습니다. 《육조단경》이 남종선의 교과서가 되었던 까닭도 이 비판에 뿌리를 두고 있었기 때문입니다.

신회는 북종에 대하여 "스승으로부터 전승관계는 비정통이며, 선법은 점수다"라고 평가합니다. 이것은 북종선에 대한 남종선의 관점이 가장 간결하게 반영된 말입니다. 북종선의 계보와 사상을 모두 평가절하한 것으로 이보다 잘 알려진 말은 없습니다.

남북 선종의 논쟁이 제시하는 쟁점은 이 두 가지로 요약됩니다. 그 하나는 선종의 정통 계보에 관한 것이며, 다른 하나는 선의 실천과 사상에 관한 것입니다. 이러한 생각은 《육조단경》의 곳곳에서 발견할 수 있습니다.

달마로부터 계승된 선종의 정통은 6대에 이르러 혜능에게 보존되었다고 보는 것이 남종선의 주장입니다. 상대적으로 북종선은 신수를 내세웁니다. 북종선의 보적(普寂)은 신수가 정통 6조이고 그 뒤를 이은 자신이 7조라는 주장까지 내놓았습니다. 신회가 직접적으로 공격한 인물은 신수가 아니라 그를 배경에 업고 활동한 보적과 같은 이들이었습니다. 그들의 법통이 허위라는 점과 함께 좌선법에 의하여 마음을 비우는 방식에 주력하는 선법이 주요 공격 목표였습니다. 그 선법에는 혜(慧)가 결여되었다는 점이 강조됩니다. 신회는 이렇게 북종선을 공격하면서 달마 이래 선종의 정통성을 바르게 가려내어 남종선의 종지를 결정하려 했던 것입니다.

신회는 남종선 부각이라는 목적을 성취하고자 두 종파를 대립시키는 구도가 필요했습니다. 6조를 앞세운 그는 《육조단경》과 마찬가지로 종파와 사상 두 가지 측면에서 대립을 설정했습니다. 종파적인 면에서는 《능가경(楞伽經)》에 대한 《금강경》의 부각이고, 사상적인 면에서는 점수의 반대편에 돈오를 배치하는 것이었습니다. 이 점에 관한 《육조단경》의 주인공 혜능과 그의 노선을 지지했던 신회는 쌍생아와 다름이 없습니다.

북종선은 달마 이래 신수에 이르기까지 조사들이 대대로 《능가경》을 전수하였다고 주장합니다. 신회에게는 북종을 극복하기 위하여 이와 맞서는 《금강경》 전수설이 요청되었던 것입니다. 《육조단경》에서 《금강경》과 관련된 혜능의 일화들은 이러한 종파적 인식의 소산입니다. 다시 말해서 기존의 북종선에 대항하려는 남종선의 독립적인 법통설(法統說)을 근거지어야 할 필요에서 창안된 것입니다. 이것은 《육조단경》에서 반야사상으로 꿸 수 있는 선사상이 많이 발견되는 이유이기도 합니다.

또 다른 대립구도의 하나는 점수와 돈오입니다. 남종선의 관점에서 북종은 점수라는 특징으로 굳혀 놓을 수밖에 없었습니다. 돈오를 효과적으로 드러낼 현실적 방안으로 그것을 넘어서는 것은 없었던 탓입니다. 남종선에서 주장하는 그대로 북종선을 점수 일변도로 단정하기에는 무리가 있습니다. 북종선에도 후대 선정의 대세가 되는 선법의 일부가 들어 있습니다. 거기에는 돈오 선법의 단서도 발견됩니다.

　신회는 당시에 미미하게 퍼져 있던 북종선에 대한 비판적 시각을 노골적으로 현실에 드러낸 인물입니다. 그는 북종 선법의 굴레에서 자유로운 종파를 창립할 목적에서 승속을 가리지 않는 법회를 개최하여 남종선을 선언했습니다. 북종선을 일방적으로 점수로 규정하면서 남종선의 종지로 돈오를 채택한 것은 객관적인 평가보다는 현실적 요청에 따르는 선택이었습니다.

　이것은《육조단경》의 지속적인 수정으로 성공을 거두었고 선법의 대세를 결정하는 사건이 되었습니다. 신회의 돈오설은《육조단경》과 마찬가지로 좌선 중심에서 벗어나 혜(慧)를 강화하는 편으로 방향이 잡혀 있습니다. 신회가 지(知)를 전면에 내세운 까닭도 혜의 작용과 동반하는 돈오를 주장한 것과 일맥상통합니다.

　《육조단경》자체에 북종 비판에 대한 원자료가 있었지만 신회의 현실적 활동에서 얻은 성과에 힘입어 한층 새로운 변화를 추구할 수 있었습니다.《육조단경》의 출현은 이상과 같은 북종비판의 종파적 관점이 이끌어 낸 결실입니다. 신회가 선두에 있었지만 그 견해에 동조하며 북종에 대하여 비판적 입장을 견지하던 무리들에 의하여 새로운 선풍(禪風)이 불기 시작했던 것입니다.

《육조단경》은 이 새로운 선법이 총괄적으로 집결된 최종 결과물이라 할 수 있습니다. 특히 북종비판에서 성과를 거두어 지속적으로 남종선 변신의 바탕이 된 사상은 혜의 작용과 돈오입니다. 이것이 남종선을 하나의 종파로서 독립시킨 사상적 근거가 되었던 것입니다.

이처럼 종파적 의도를 고려하지 않고는 《육조단경》 성립의 전모를 파악할 수 없지만 단지 그것에 그치지 않습니다. 이 책은 선에 대한 본질적 이해의 전환을 반영하고 있는 것입니다. 선사상의 중심은 이미 고요한 좌선에서 혜(慧)와 작용으로 이동하기 시작했습니다.

이 모든 변화가 6조 혜능의 출현에 담겨 있었고, 그 소식을 퍼뜨린 전령의 선두에 신회가 있었으며, 이 노선을 더욱 확대 발전시킨 장본인은 《육조단경》의 변화에 관여했던 선사들이었습니다.

6조 혜능의 북종비판에서 부각된 돈오와 혜(慧)가 신회에게는 지(知)라는 핵심어로 드러났습니다. 이것이 좌선의 잠에 떨어진 마조(馬祖)를 일깨워 일상 전체에서 활발하게 펼치는 작용으로 색깔을 바꾸었습니다.

그 뒤 임제(臨濟)는 부처와 조사라는 이름으로 눌러앉은 모든 관념에 활발하게 철퇴를 가합니다. 그것이 '부처를 만나면 부처를 죽이고 조사를 만나면 조사를 죽이는' 임제는 외침입니다. 이 모두가 6조의 혜를 모태로 대대로 이어진 혈맥입니다. 언젠가부터 돈오라는 말은 전면에서 사라졌지만 후대의 선법에 낱낱이 스며들어 가 있습니다. 마치 물에 녹은 소금이 눈에 보이지 않지만 맛을 보면 알 수 있는 것과 같습니다.

5. 부처는 앉지 않는다

좌선비판에서 주요한 변화의 계기를 얻은 《육조단경》에서 말하는 좌선의 바른 뜻은 어떤 것일까요? 좌선은 하나의 형식이 아니라 선에 관한 근본적인 관점에 의하여 정의됩니다.

　무엇을 좌선이라 하는가? 이 법문에는 막힘도 없고 걸

림도 없다. 밖으로 선·악 등의 모든 경계에 들어가 있어
도 망상이 일어나지 않는 것을 앉는다[坐]고 하며, 안으
로 자신의 흔들리지 않는 본성을 보는 것을 가리켜 선(禪)
이라 한다.

망상이 일어나지도 않고 흔들림도 없다는 좌선의 기초
적인 의미를 벗어나지 않습니다. 동시에 구체적인 대상 경
계에 들어가 있다는 점을 분명하게 내세우고 있습니다. 따
라서 안에서나 밖에서나 그 어떤 경계에서도 장애가 없다
는 뜻으로 좌선이 정의됩니다. '흔들리지 않는 본성을 본
다'는 말은 견성을 나타냅니다. 이 견성도 안팎으로 자유롭
게 넘나드는 활용의 맥락에서 인식될 수밖에 없습니다.

밖의 경계에서 응용되어도 망상의 장애가 없는 상태는
혜(慧)와 다르지 않고, 마음 안에서 흔들림이 없는 본성은
정(定)과 일치합니다. 이러한 좌선 풀이는 오로지 흔들림
없는 마음에만 집착하여 좌선의 뜻을 고착시키는 방식을
뛰어넘는 것입니다. 걸림도 막힘도 없는 마음의 자유자재
한 작용을 강조하려는 의도가 반영되어 있습니다.

이것으로써 좌선의 형식적 의미를 궁극적인 영역으로

확대한 것입니다. 견성하여 흔들림이 없지만 여기에 머물지 않고 동적인 경계로 적극적으로 들어가 그것을 활용하는 것이 견성의 완성입니다. 부처는 결코 고요한 자리를 고수하고 앉아 있지 않습니다.

"항상 앉아서 움직이지 않는 좌선"에 대한 유마거사의 비판을 빌려왔던 의도도 견성의 동적인 속성을 고려한 포석입니다. 6조는 "다만 처해 있는 곳에 따라 속박을 풀라"고 했습니다. 던져져 있는 상황마다 색다르게 발생하는 속박을 그때마다 풀기만 하면 된다는 뜻입니다. 6조는 앉아 있는 부처보다 움직이는 부처에서 선의 방향을 잡았던 것입니다.

만물과 교섭하면서 견성의 경지를 적용하여 시험하는 방식이야말로 견성의 온전한 실현입니다. 이와 같이 견성의 진면목은 반드시 '상황 안에서' 혜(慧)를 발휘할 때 드러납니다. 물론 흔들리지 않는[定] 지반을 벗어나서도 안 됩니다. 다만 '자기 안에서' 갖추는 정과 혜는 《육조단경》에서 말하는 견성이 아니며 오히려 비판의 대상인 것입니다.

가거나, 머물거나, 앉아 있거나, 누웠거나, 그 어떤 행위 양상도 모두 선으로 간주합니다. 활용의 뜻이 선의 핵심으로 정착한 결과입니다. 모든 때와 상황에서 참선의 경계가 실현되는 것이 근본이며, 앉는다는 좌선 형식을 통해서만 선정에 들어가는 것은 아닙니다. 이것은 6조 이전의 선법에서도 발견됩니다. 《육조단경》에서 타도의 대상으로 전면에 내세웠던 북종선에도 부분적으로 드러납니다. 신수는 말합니다.

정혜는 세간에서 발휘되지만 세간에 물들지 않는다. 보고 듣고 느끼고 알면서 자유자재로 활용하지만 그 각각의 대상에 물들지 않는다.

신수의 이 말 자체는 《육조단경》에서 지향하는 선의 경지와 조금도 다르지 않습니다. "본성에서 상념이 일어나 비록 보고 듣고 느끼고 알지만 어떤 경계에도 물들지 않고 항상 자유자재하다"라고 한 6조의 말은 신수의 말과 일치하기 때문입니다.

《육조단경》과 북종 신수의 닮은꼴은 이것뿐만이 아닙니다. 《육조단경》에서 북종을 비판하는 동일한 방식과 내용이 신수의 소승 비판에도 고스란히 발견됩니다. 신수는 정

(定)에 들었을 때 혜(慧)가 없고, 정에서 빠져나와야 보고 듣고 느끼고 아는 등의 혜를 발휘하는 소승을 비판하고 있습니다. 이것은 "세간에서 정혜를 발휘한다"는 위의 취지와 같은 맥락입니다. 《육조단경》에서 정과 혜를 선후의 단계로 설정하는 방법에 대한 북종비판과 동일합니다.

북종선에도 이런 측면이 있다고 보면 《육조단경》의 좌선비판은 무색해집니다. 《육조단경》은 북종을 포함한 이전의 선법에서 좌선의 고요함을 강조하는 부분은 약화시키고 활용에 관한 사상을 특별히 계승하여 종지로 굳히려 했던 것입니다. 이는 동시대까지의 각종 선법을 총괄적으로 가늠하여 선별해 낸 결과물이라 평가할 수 있습니다.

이와 같이 《육조단경》은 이전의 선법을 비판하기도 하고 계승하기도 하였습니다. 기본적으로 앉는다(坐)는 형식적 틀로부터 벗어나 선정의 의미를 해석하는 것이 《육조단경》의 입장입니다.

설간(薛簡)이 6조에게 물었습니다.

"경성(京城)의 선사들은 모두들 말하기를 '도를 깨달으려면 반드시 좌선을 통하여 선정을 익혀야 한다. 선정에 의하지 않고 해탈을 얻은 자는 아직 없었다'라고 합니다. 선사께서 설하시는 법은 어떤 것입니까?"

"도는 마음으로 말미암아 깨닫는 것이지 어찌 앉는 형식에 달려 있겠는가! 생겨남도 없고 소멸함도 없는 것이 여래의 청정한 선(禪)이며, 모든 존재가 텅 비고 고요한 경지가 여래의 청정한 앉음〔坐〕이다. 궁극적으로는 깨달음도 없거늘 하물며 앉는 형식은 말해서 무엇 하겠는가!"

좌선을 통하여 익히는 선정을 비판하면서 좌(坐)와 선(禪)을 한 글자씩 풀이하여 궁극적 의미를 전하고 있습니다. 생겨남도 소멸함도 없는 이치를 공(空)이라고 합니다. 바로 이것을 좌선이 지향하는 목표로 제시하고 있습니다. 동시에 6조는 이 공에도 집착하지 말라고 강조합니다. 이는 "공도 공이다"라는 반야사상의 일반적 뜻에 기초하고 있습니다. 여기서 그치지 않고 무엇보다 마음을 텅 비우고 앉아 있는 고요한 선정을 경계하기 위한 뜻을 보여 주었던 것입니다. 막힘없이 트여 미혹의 찌꺼기도 깨달음의 자취도 사라진 경지가 6조가 주장하는 좌선의 근본입니다.

《육조단경》에서는 구체적인 현상과 맞닥뜨려 운신하는

작용을 전제하지 않으면 좌선의 본래 취지를 상실한 것이라고 여깁니다. 대상 경계와 교섭을 완전히 단절한다면 그 순간만은 텅 비고 고요할 수 있습니다. 누구나 할 일을 모두 마치고 방에서 눈을 감고 쉬고 있는 동안은 고요한 상태를 유지할 수 있습니다.

그러나 그것만 가지고 변화무쌍한 현장에 뛰어들었을 때도 그 고요함을 유지할 수 있다는 보장은 없습니다. 이 때문에 《육조단경》에서는 사고와 분별이 끊어진 텅 빈 마음은 병통이라 규정하고, 정과 혜가 동시에 실현되고 동적인 현실에서도 견디어 낼 수 있는 선법을 강조하고 있는 것입니다.

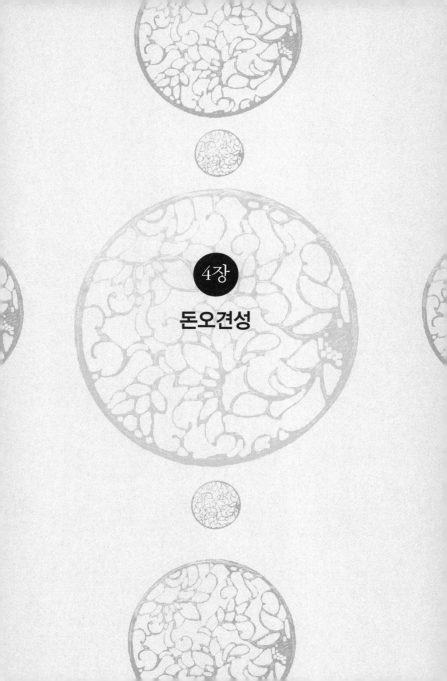

4장

돈오견성

돈오와 견성은 서로 떨어질 수 없는 개념입니다. 이 뜻은 앞서 '선정에 의한 해탈'을 부정하면서 '돈오에 의한 견성'을 내세운 부분에서 이미 밝힌 적이 있습니다. 이 돈오견성은 《육조단경》이 도달하고자 하는 최종 목표입니다. 뿐만 아니라 돈오와 견성은 적막한 구덩이에서 빠져나와 세상과 뒤섞이는 작용을 전제로 합니다.

　그래서 돈오와 견성은 혜(慧)라는 활발한 작용을 매개로 삼아 묶여진 하나의 짝인 것입니다. 우리는 돈오견성의 선법을 말할 때 항상 그 내용적 핵심이 되는 혜를 동시에 끄집어내어 이해해야 합니다.

　돈오견성의 반대편에는 점수에 의한 견성이 있고 이 두 가지는 서로 방법상의 차이에서 갈라집니다. 남종선과 북종선이 모두 견성을 목표로 삼습니다. 북종선은 정(定)을 중심으로 점수에 의지하는 선법을 추구합니다. 남종선은 이것을 비판하면서 혜에 뿌리박은 돈오를 부각시킵니다.

견성의 대상은 자기 본성 곧 자성(自性)입니다. 하지만 견성이 자성 안에 머물지 않고 자기 밖의 경계로 확산되는 경지를 《육조단경》은 노리고 있습니다. 다시 말하면 자성 밖의 세계를 향하여 자유롭게 활용될 때 견성은 완결됩니다. 이 정신을 잘 나타내는 개념이 자성 밖으로 곧바로 드러나는 마음, 곧 직심입니다.

1. 삼매와 직심(直心)

마음을 하나의 대상에 묶어두고 분별로 동요하지도 않고 멍청히 가라앉지도 않는 상태를 삼매라 합니다. 직심이란 어떤 상황에서나 절차와 단계를 거치지 않고 곧바로 드러나 생동하는 대상과 하나가 되는 마음을 가리킵니다. 다만 이 직심은 삼매 상태를 고스란히 유지하는 마음입니다. 다시 말해서 직심이란 삼매가 어떤 우회로도 거치지 않고 눈앞의 세계에 곧바로 펼쳐지는 경지를 나타냅니다.

그것은 수행의 방편에 의지하지 않는 것을 특징으로 삼는 돈오와 직결됩니다. 돈오견성에 잠복된 혜의 작용을 단적으로 보여주는 사상이 바로 이 직심입니다. 돈오견성의 자유자재한 활용은 이 직심에서 극치를 이룹니다.

돈오견성의 관점에서 직심은 삼매와 다르지 않습니다. 좌선 비판에서 얻은 가장 중요한 성과는 삼매에 대한 관점의 변화입니다. 6조는 좌선을 통하여 삼매에 깊이 빠져드는 종래의 방식으로부터 벗어나 대상 세계 속에서 항상 삼매를 실현하는 길에 초점을 둡니다. 이 방법은 직심의 전개와 일맥상통합니다. 그 대표적인 삼매가 일행삼매(一行三昧)입니다.

일행삼매란 모든 존재가 약간의 차별도 없이 하나의 상이라는 도리를 아는 삼매를 말합니다. 곧 무차별한 하나〔一〕의 직심을 실행하는 삼매가 그것입니다.

《유마경》은 도량(道場)을 다양하게 정의하고 있는데, 그중에서 《육조단경》은 "직심이 도량이다"라는 구절을 택하였습니다. 자유자재로 직심을 전개하는 일행삼매에 대한 증명으로 이 구절을 끌어들였던 것입니다. 일행삼매가 전개되는 모든 경계가 도량이기 때문입니다. 6조는 말합니다.

> 일행삼매란 가거나 머물거나 앉아 있거나 누웠거나 그 모든 때에 항상 직심을 행하는 것이다.

모든 때와 장소에 하나의 직심을 행한다면 그 자체로 삼매가 됩니다. 6조는 직심을 행하지 않으면 부처님 제자가 아니라고 하면서 "마음의 동요 없이 앉은 채로 망상을 제거하고 어떤 마음도 일으키지 않는 선법"을 비판합니다. 이것을 바른 수행법이라고 여기는 무리들은 불도를 가로막는 장애물일 뿐이라고 내치고 있습니다.

직심과 함께하지 않는 삼매는 돌덩이나 나무토막과 다르지 않은 것입니다. 그러한 삼매를 살리기 위해 불어넣은 활력이 직심이라 할 수 있습니다. 고요함에 침몰하지도 않지만 경계 속에 뛰어들어도 마음이 산란하게 흩어지지 않고 삼매를 유지하는 것이 직심입니다.

《육조단경》의 일행삼매는 달마 계열의 초기 선종이나 5조 홍인의 일부 선법에도 그 단서가 들어 있었습니다. 6조는 선대의 선사상에서 이 측면을 특별히 부각시키는 방향으로 선의 기초를 다졌던 것입니다. 안선사(安禪師)는 말합니다.

직심이 도이다. 왜 그런가? 곧바로 생각하고 곧바로 활용하면서, 더 이상 공(空)을 관찰하지 않으며 방편 또한 구하지 않기 때문이다.

직심은 마음을 바르게 드러내기 위한 어떤 방편이나 매개체도 없습니다. 그것은 화려한 분별로 장식하지 않고 질박한 그대로 뻗어나오는 마음입니다. 또한 공을 관찰하여 근본을 깨닫거나 그 밖에 가능한 어떤 수행의 방편에도 의지하지 않습니다. 오로지 현재의 마음 그대로 곧바로[直] 생각하고 활용할 뿐입니다. 이러한 특징은 돈오와 조금도 어긋나지 않습니다. 돈오는 대상 속에서 즉각 실현되는 활용에 핵심이 있기 때문입니다.

초기 선종에 직심의 본질을 엿볼 수 있는 문답 중 다음의 예도 있습니다.

지(志)법사가 도살장에서 연(緣)법사를 보고 물었다.

"백정이 양을 죽이는 것을 보았습니까?"

"내 눈이 멀지 않았는데, 어찌 못 보았겠습니까?"

"연법사께서는 보았다고 하셨습니다."

"다시 보이는군요."

수행자들은 살아 있는 생명이 살해되는 장면을 볼 수 없도록 계율로 금지하고 있습니다. 두 법사가 함께 도살장 앞에 있었으나 지법사는 애써 외면했고 연법사는 눈에 들어오는 대로 받아들였습니다. 그것이 직심입니다. "연법사께서는 보았다고 하셨습니다"라고 한 지법사의 말에는 계율을 어긴 연법사에 대한 질책이 숨어 있습니다. 지법사는 눈을 감고 보지 않은 반면, 연법사는 눈에 보이는 그대로 보았다고 말하고, 또 다시 보인다고 했습니다.

이렇게 곧바로 발현되었던 연법사의 마음씀은 직심을 나타냅니다. 계율과 어긋나는 듯한 상황을 설정하여 직심의 본질을 효과적으로 보여주려 했던 것입니다.

살해되는 장면을 봄으로써 눈을 통하여 쌓인 업은 언젠가는 과보로 남기 때문에 계율로 금지한 것입니다. 연법사는 도살하는 장면을 보고도 그것에 물들지 않았기 때문에 업으로 쌓이지 않습니다. 그래서 "다시 보이는군요"라고 투명하게 말할 수 있었던 것입니다.

혜능이 사냥꾼의 무리 속에서 생포된 길짐승이나 날짐 승뿐만 아니라 죽은 것들을 일상적으로 대하면서 견성의 도에 금이 가지 않았던 사실과 유사하다고 할 수 있습니다. 이들은 모두 주어진 틀에 예속되어 분별하지 않고 곧바로 발현되는 직심의 예라 할 수 있습니다.

달마 이후 4조 도신(道信)과 5조 홍인의 문하를 묶어서 동산법문(東山法門)이라 합니다. 이 동산법문에도 직심의 사상이 발견됩니다. 다만 마음이 움직이는 그대로 맡겨 두 는 선법이 그것입니다. 이 선법에는 염불을 하거나 마음을 살피거나 분석하는 등 어떤 수행 방편도 허용하지 않습니다. 동산법문은 주로 하나의 마음을 지키고 그것으로부터 움직이지 않는〔守一不移〕 전통적인 좌선법이 중심이지만, 이렇게 직심의 사상도 나타납니다.

6조 혜능은 동산법문의 두 가지 선법 중에서 직심을 확대 발전시켰을 뿐만 아니라 그 이전부터 전승되어 왔던 유사한 선법을 계승하여 돈오로 변형했던 것입니다.

이상과 같이 직심이란 현재 일어나고 있는 마음을 거스

르지 않고 있는 그대로 곧바로 드러내는 것입니다. 이는 내면의 깨달음인 견성을 밖으로 활용하여 안팎에서 모두 걸림이 없는 경지를 실현하기 위한 것입니다. 《육조단경》의 궁극적인 도(道)는 이것입니다. 그것은 마음의 본질을 관조하거나 만물의 공(空)을 관찰하는 등의 수행 방편에 의존하지 않습니다. 그 자리에서 본질과 하나가 되는 마음을 머뭇거리지 않고 발현할 뿐입니다. 이와 같은 맥락에서 직심이 돈오견성의 단적인 드러남이라 했던 것입니다.

2. 부처의 자기실현

견성은 근본적으로 자기 본성인 자성(自性)에 대한 깨달음입니다. 여기에 덧붙여 자성이 현실 세계에 드러나는 활용에서 그것은 완성됩니다. 견성은 자성에 대한 깨달음과 대상 속에서의 활용으로 갈라지는 것입니다. 그러나 어느 편에도 자성의 두 가지 속성이 들어 있습니다. 정(定)과 혜(慧)가 그것입니다. 이 두 가지가 원만하게 조화되어야 견성이라 합니다.

만물을 접하여 알고 느끼며 함께 어울려도 자성이 오염되어 변하지 않는 경지가 견성의 특징입니다. 견성은 경계에 뒤섞여서야 비로소 완숙된 자성을 드러내는 것입니다. 이것이 지혜·작용으로 규정되는 돈오이자 직심입니다.

자성은 우리 마음의 본바탕입니다. 또는 자기 안의 부처라고도 하는데, 《육조단경》에서는 그것을 자성불(自性佛)이라 합니다. 자성의 두 가지 속성 자체가 자성불과 다르지 않습니다. 이 자성불의 정과 혜가 원질 그대로 실현되는 경지를 견성이라 합니다.

정은 고요한 본성을 유지하기 위하여 번뇌를 그친다 하여 지(止), 혜는 안팎의 현상을 관찰하는 작용이라 하여 관(觀)이라고도 합니다. 앞의 것은 본체에 해당하고 뒤의 것은 작용에 해당합니다. 비유하자면 정은 맑고 고요히 가라앉은 호수 표면과 같고, 혜는 그것에 이그러지지 않고 비치는 사물과 같습니다.

몸을 움직이며 일하는 현장 속에서도 고요함을 유지한다면 혜와 정이 빠짐없이 구비됩니다. 대상과 마주칠 때 뚜렷이 그 실상을 알지만 마음이 흔들려 그것에 매달리지 않습니다. 꽃을 보고 마음을 밝힌 위산(潙山)선사와 소리를 듣고 마음에 가로막힌 장애를 무너뜨렸다는 향엄(香嚴)선사의 소식이 그 뜻입니다. 이 두 선사는 좌선의 고요함에 빠져 깨달음을 얻지 않았습니다. 일상의 생생한 현장 곳곳에 그들을 일깨우는 지침이 있었던 것입니다.

좌선비판에서 계기를 얻은《육조단경》의 견성사상은 동적인 경계에 주목합니다. 부동자세로 굳어 있는 좌선으로는 견성을 성취하지 못합니다.

참된 부동을 찾고자 하는가? 움직임 자체에 있는 부동이 참된 부동이다. 부동이 부동에 그친다면 생명이 없는 존재이니 부처가 될 종자도 없다. 차별 현상을 잘 분별하면서도 그 근본에서는 부동이다. 다만 이와 같이 볼 수 있다면 이것이 바로 진여의 작용이다.

다양한 현상의 차별을 분별하는 작용 속에 부동이 있습니다. 부동은 정이고 작용은 혜가 되어 견성의 경지를 드러내고 있는 것입니다. 보통 말하는 정중동(靜中動)이요 동중정(動中靜)입니다. 고요함 속에 활발한 움직임이 있고, 시끄러운 일상에서 움직이지만 항상 고요한 마음을 잃지 않습니다.

이것이 《육조단경》에서 말하는 견성의 본질입니다. 대상의 세계를 제외하고는 견성을 말할 수 없습니다.

두 가지 속성이 떨어질 수 없는 관계 속에 있지만 《육조단경》의 돈오견성은 그 중 혜의 작용을 특징으로 삼습니다. 혜가 발휘되려면 자성 밖으로 펼칠 무대가 있어야 합니다. 그 무대는 특별한 곳에 있지 않습니다. 일상의 곳곳이 모두 부처가 제 모습을 걸림 없이 활용하는 무대가 됩니다.

종밀(宗密)은 진실한 마음의 본바탕에 두 종류의 활용 또는 작용이 있다고 했습니다. 첫 번째는 자성의 본래 작용이고, 두 번째는 대상에 따라 딱 들어맞게 발휘되는 작용입니다. 이 두 번째 작용이 《육조단경》에서 말하는 혜의 작용에 해당합니다. 이것은 말하거나 분별하거나 동작하는 등의 작용 전체를 나타냅니다.

6조가 강조한 다음 마조(馬祖) 이후로는 이 경향이 선법을 주도하게 됩니다. 자성에서 벗어나서 갖가지 현실의 대상에 적용되는 작용으로 변환될 때 비로소 생활 반경 전체에 선(禪)의 경계가 드러납니다. 바로 그 순간 평상심(平常心)의 도가 펼쳐지게 됩니다.

이상과 같이 돈오견성은 자성의 안팎을 모두 주목합니다. 하나는 자성 자체에서 번뇌에 물들지 않는 것이고, 다른 하나는 대상 경계에서 자유자재로 펼쳐지는 활용입니다. 이것이 자성의 부처가 자신을 실현하는 두 가지 측면입니다. 6조는 말합니다.

돈오의 가르침을 듣고서 자성 이외의 수단에 의지하여 수행하지 않는다. 오로지 자기 마음에서 자신의 본성으로 하여금 항상 바른 견해를 일으키도록 하는 것이다. 그러면 번뇌에 시달리는 중생이 바로 그 순간 모두 깨달을 것이다. 마치 바다가 무수한 강물을 받아들여 작은 물과 큰물이 하나로 합쳐지는 것과 같다. 이것이 견성이다. 마음 안과 밖 그 어디에도 머물지 않고, 오고 감이 자유로워 집착을 제거하면 모든 것에 통하여 걸림이 없다. 마음으로 이것을 수행하면 《반야경》의 교설과 본래 차별이 없을 것이다.

돈오는 자성을 유일한 근거로 삼습니다. 그 밖에 의지하는 수단과 방편은 없습니다. 견성이란 자성이 자기 자신을 깨닫는 것입니다. 또한 견성의 경지는 모든 것에 자유롭게 뒤섞이지만 그 어디에도 장애를 받지 않습니다. 《육조단경》에서 말하는 돈오견성의 특징은 바로 이것입니다.

6조 혜능은 입문과정부터 《금강경》을 비롯한 반야계 경전과 떨어질 수 없는 관계를 가지고 있었습니다. 《반야경》 교설의 핵심은 공(空)입니다. 안팎으로 걸림 없이 오가는 그 자유로움은 공의 실현과 다르지 않습니다. 공이란 안도 없고 밖도 없고 그 중간도 없는 이치입니다. 이처럼 머무를 곳이 전혀 없는 공의 경계가 돈오견성이 실현하고자 하는 자성불의 세계입니다. 이것은 어디에도 물들지 않고 발휘되는 작용일 수밖에 없습니다.

앞서 제시한 직심에 혜의 작용을 견성의 핵심으로 올려놓은 실마리가 들어 있습니다. 전통적으로 깨달음 또는 견성은 삼매에서 마음을 가로막고 있는 번뇌의 때를 벗겨냄으로써 완성됩니다. 《육조단경》은 이 틀에서 한 발 나아가 대상과의 관계를 강조한 것입니다.

6조는 "누구에게나 본래 가지고 있는 반야(般若)의 지(知)를 깨닫는 것이 견성"이라 합니다. 깨달음의 대상은 이 반야의 지이고 이것을 온전히 깨닫는 것이 견성입니다. 반야는 범어로서 한역하면 지혜가 됩니다. 자성의 두 가지 본질 중 혜를 부각시켜 견성의 특징을 드러낸 것입니다.

누구에게나 있는 반야의 지혜를 전제로 하여 미혹과 깨달음을 구별합니다. 이 자성(自性)에 들어 있는 반야를 알거나 모르거나에 따라 두 갈래 길이 생긴다는 뜻입니다. 이 자성의 반야를 모른다면 어떤 교학적 도리를 가지고 말하더라도 견성의 실현과 멀어집니다. 그러므로 지식을 축적하여 깨달으려는 시도는 "마치 밥에 대하여 아무리 말을 해도 배가 부르지 않은 것과 같다"라고 6조는 비유합니다.

따라서 무엇보다 마음 밖에서 근본을 찾고 수행하는 방식을 부정합니다. 자성이라는 근원을 벗어나 깨달음을 추구하는 행위가 가장 근본적인 미혹이며, 자성에서 바른 견해를 일으켜야 반야의 지혜를 성취할 수 있습니다. 이 반야의 지혜는 자기 본성에 내재된 지혜 곧 자성의 지혜이며, 그것이 근본적인 작용으로서 혜(慧)입니다.

때때로 '지혜 지(智)'를 쓰지 않고 '알 지(知)'를 사용한 이유는 그것이 항상 분명하게 대상을 아는 '작용'이라는 점을 보여주기 위한 것입니다. 신회의 '지'도 같은 맥락입니다. 정과 혜를 고요함(寂)과 앎(知)으로 대체해도 이 뜻이 드러납니다. 고요하면서도 항상 알고, 알면서도 언제나 고요함을 유지하는 경지가 견성입니다.

돌이켜 보면 자신에게 현재 일어나는 마음 한 구석에 반야의 지가 있습니다. 《화엄경》에서 "처음 불도를 수행하겠다고 마음을 일으키는 그 순간 궁극적인 깨달음이 완성된다"라고 한 말과 흡사합니다. 현재 자신이 선 그 자리에서 깨달음의 근거를 늘 발견할 수 있기 때문입니다. 6조가 "하나의 그 무엇이 '여기에' 있다"라고 한 말과 같습니다. 이것으로 반야의 지는 자성에 갇혀 있지 않고 자신을 실현할 무대를 찾은 것입니다.

이와 같이 견성은 다른 방법에 따르지 않고 오로지 자성에 의지할 뿐입니다. 자기 마음 이외에 견성을 위한 단계적인 매개체가 없기 때문에 돈오로 연결됩니다. 그 견성이 돈오견성인 까닭도 자성에 있는 것입니다. 6조는 말합니다.

깨달음의 자성은 본래 맑고 깨끗하다. 오로지 이 마음을 써서 곧바로 성불하라. 모든 것은 자신의 마음 속에 있거늘 어찌 그곳에서 진여(眞如)의 본성을 단번에 보지 못하는가?

'단번에' 볼 수 있는 조건이 다름 아닌 자성이요 자기 마음입니다. 밖에서 추구할 필요가 전혀 없습니다. 견성을 가로막는 가장 큰 장애는 자성을 망각하고 밖에서 구하는 방식입니다. 그래서 6조는 이렇게 그 뜻을 전합니다.

마음 밖에서 구하지 않으면 부처와 다르지 않다. 그러므로 부처의 지견(知見)을 펼친다고 한다. 나 또한 모든 사람들에게 자기 마음에서 항상 부처의 지견을 펼치라고 권한다.

마음 밖으로 쫓아다니지만 않으면 누구나 부처의 지견을 펼칠 수 있다고 합니다. 이 대목에서 이전의 '바람과 깃발과 마음'에 대한 인연이 새삼 떠오릅니다. 우리는 "마음이 움직인다"라고 했던 6조의 말을 다시 한번 되씹게 됩니다. 이 맥락에서는 바람과 깃발이라는 밖의 대상에서 진실을 찾느라 헐레벌떡 움직이는 잘못을 가리켰다고 보아도 무방합니다.

그러나 이 마음에 터를 잡고 눌러앉아 있으면 그 또한 잘못입니다. 다만 자신이 평소에 지니고 있던 모든 견해를 끊어 머물 곳이 없어야 합니다. 바람과 깃발과 마음 그 어디에도 머무르며 분별해서는 안 됩니다. 분별의 기량이 완전히 녹아 없어지면서 문득 마주치는 진실이 마음이요 자성입니다.

자성의 본질로서 반야의 지는 지식을 넓히는 것과 다릅니다. 반야에 대해서는 뒤편에서 자세히 설명됩니다. 반야의 지는 대립을 설정하여 이루어지는 앎을 하나씩 무너뜨리는 기능이 핵심이 됩니다.

분별로 쌓인 정보가 많으면 많을수록 깨달음에는 장애가 될 수도 있습니다. 앎을 축적하는 방식의 분별은 자성을 깨우치는 데 이익이 되지 않습니다. 그것은 바다 속에 들어가 모래알 수를 모두 헤아리려는 시도와 같이 무모한 짓입니다. 많이 알아서 깨달음에 점차로 가까워지리라는 기대는 허망한 결과가 되고 맙니다. 《육조단경》에서 자성을 거듭 강조하는 까닭은 무엇일까요? 이와 같이 밖의 대상을 알려다가 도리어 그것에 속박되는 어리석음을 경계하기 위한 것입니다.

3. 자성이라는 근거

《육조단경》은 선법을 서술한 책입니다. 하지만 오로지 선의 도리만 제시하는 후대의 어록과 그 성격은 다릅니다. 여기에는 반야를 비롯한 주요한 교학적 배경도 직접 드러나고, 그 밖의 개념도 소개되고 있습니다. 이들을 하나로 꿰는 《육조단경》의 수단은 무엇일까요? 그것은 바로 자성과 돈오입니다. 교학의 요소를 처리하는 기본적인 틀은 바로 이 두 가지입니다.

이 책에 보이는 교리들은 대부분 자성 안의 일로 귀착됩니다. 그 자성의 이치를 보여주기 위하여 여러 이론과 교법을 활용한다고 보아도 틀리지 않습니다. 동시에 돈오의 방법과 대치되는 수행법이나 이론에는 비판을 가합니다. 이 두 가지가 보석과 같은 낱낱의 교법들을 정리하는 축이 되는 것입니다.

이제 전통적인 교법들이 《육조단경》의 공법에 따라 어떻게 새로운 옷을 입는지 보게 됩니다. 이 작업은 교법들이 제각각 지니는 고유한 특징에 기반을 두고 이루어집니다.

| 삼학(三學) |

삼학이란 수행자가 반드시 배워야 할 세 가지 사안을 말합니다. 계(戒)·정(定)·혜(慧)가 그것입니다. 기초적인 의미는 다음과 같습니다.

계(戒)는 몸과 말과 생각의 모든 활동을 잘 통제하기 위한 것입니다. 이 세 가지 활동을 업이라 합니다. 세 가지 업에서 선을 닦고 악을 방지하는 것이 계의 근본적인 목적입니다. 정(定)이란 동요하거나 흩어지는 마음을 거두어 고요히 안정시키는 방법입니다. 산란하게 떠도는 잡념과 헛된 분별을 제거하여 평정하게 만드는 수단입니다. 혜(慧)는 자기 마음과 밖의 대상에서 그 실상을 바르게 아는 작용입니다. 여러 가지 이치와 만물의 진실을 관조하고 흐릿하게 조는 의식을 일깨우는 약이 됩니다.

이 중 하나라도 빠지면 나머지 두 가지도 힘을 잃습니다. 계에서 정이 발생하고, 정에서 혜가 일어나기 때문입니다. 《열반경》에서 "삼학을 닦는 것이 불도이다"라고 한 말에서도 알 수 있듯이 세 가지는 모두 필수적인 수행 조목입니다.

이상이 삼학의 일반적인 내용입니다. 그렇다면《육조단경》에서는 삼학을 어떻게 이해하는지 살펴보겠습니다. 혜능이 제시하는 삼학은 북종과 비교함으로써 그 특징을 드러냅니다. 우선 삼학은 자성으로 수렴되기 때문에 자성삼학(自性三學)이라 합니다. 이것은 돈오와 점수를 가르는 기준이기도 합니다. 삼학도《육조단경》고유의 관점에 따라 특수하게 이해하고 있는 것입니다.《육조단경》의 다음 이야기에 그 뜻이 보입니다.

북종 신수는 혜능이 깨달음으로 통하는 지름길을 지시한다는 소문을 들었습니다. 혜능의 견해가 궁금해진 그는 제자 지성(志誠)에게 직접 그 견해를 듣고 오라고 지시했습니다. 그에 덧붙여 혜능의 견해와 자신의 그것 중 어느 편이 빠른지 반드시 알아와야 한다고 주문했습니다. 이 대목에서 삼학을 돈오와 점수의 차이에 따라 제시하겠다는 암시가 나타나고 있습니다.

혜능대사가 지성에게 물었습니다.

"너의 스승은 오로지 계·정·혜의 가르침만 전한다고 들었다. 그 계·정·혜가 어떤 것인지 나에게 말해 보아라."

"신수화상께서 말하는 계·정·혜는 이렇습니다. '어떤 악도 저지르지 마라'는 구절을 계라 하고, '갖가지 선을 받들어 행하라'는 구절을 혜라 하며, '자신의 마음을 스스로 청정하게 하라'는 구절을 정이라 합니다. 이것을 가리켜 계·정·혜라 하는 것이 그분의 주장입니다. 화상의 소견은 어떤지 듣고 싶습니다."

신수가 근거하고 있는 세 구절은 초기 경전에 나옵니다. 경전에서는 이 세 구절이 부처님의 가르침〔佛教〕이라 단적으로 정의하고 있습니다. 신수는 그것을 각각 계·정·혜에 나누어 배치한 것입니다. 이에 대하여 대화가 이어집니다.

"이 말은 이해하기 어렵다. 나의 소견과는 다르구나."

"어떻게 다릅니까?"

"하나는 빠르고 하나는 느리다."

지성이 삼학에 대한 혜능의 소견을 청했습니다. 그 질문에 응하여 오로지 자성을 바탕으로 삼는 혜능의 삼학이 밝혀집니다.

"마음에 의심이 없으면 자성계(自性戒)요, 마음에 산란함이 없으면 자성정(自性定)이요, 마음에 어리석음이 없으면 자성혜(自性慧)이다. 그대가 배운 계·정·혜는 소질이 낮은 사람들에게 권하는 삼학이며, 내가 말한 계·정·혜는 소질이 뛰어난 사람들에게 권하는 삼학이다. 자성을 깨닫기만 한다면 계·정·혜도 세우지 않는다."

"세우지 않는다는 말은 무슨 뜻입니까?"

"자성에 잘못이 없고 산란함이 없고 어리석음이 없이 찰나마다 반야의 지혜로 관조한다. 또한 차별된 현상에 대한 집착을 벗어나 있으니 세울 것이 어디 있단 말인가? 자성은 단번에 닦아지는 것이어서 점차로 닦을 필요가 없다. 그런 까닭에 삼학도 세우지 않는다."

혜능의 가르침을 듣고 난 다음 지성은 그 문하를 떠나지 않았습니다.

6조의 삼학은 자성을 깨닫는 범위 안에 있습니다. 그 방법이 돈오이기 때문에 삼학을 하나씩 조목대로 익힐 일이 없는 것입니다. 결국 자성의 삼학일 뿐입니다. 자성을 깨닫는 돈오견성을 성취하기만 하면 그만입니다. 그 밖에 하나씩 나누어 세울 법이 없다는 뜻입니다. 견성이라는 하나의 목표에 모든 것이 통일되어 있습니다. 삼학이란 자성을 깨닫고 난 다음, 그 경지를 설명하는 수단이 될 수는 있습니다. 반대로 세 가지를 하나씩 익혀서 자성을 깨닫는 것은 아닙니다.

자성삼학에 대한 이러한 관점은 이전에 4조 도신(道信)

에게도 나타납니다. 그가 "계·정·혜의 모든 문과 신통한 변화는 남김없이 자신이 갖추고 있다. 그것들은 그대의 마음을 떠나지 않는다"라고 했던 말이 그것입니다.

6조는 지성에게 말했습니다.

"내가 만일 전할 법이 하나라도 있다고 말한다면 그대를 속이는 것이다. 다만 상황에 따라 속박을 풀면 된다. 자성을 깨닫는다면 삼학뿐만 아니라 보리와 열반도 내세우지 않고 해탈의 지견도 세우지 않는다."

이렇게 최상의 법에 해당하는 그 어떤 것도 취할 여지가 없는 경지에서 비로소 모든 법을 세울 수 있다고 합니다. 그때는 보리가 되었건 열반이 되었건 세워도 되고 세우지 않아도 되는 자유자재한 경지에 이르게 됩니다.

잘못과 산란함과 어리석음이 없는 자성이 계·정·혜입니다. 여기서 6조의 방향을 알아야 합니다. 이 세 가지를 단계적으로 닦아서 견성에 이르는 것이 아닙니다. 반대로 견성의 결과로 주어진 의미가 삼학인 것입니다. 자성을 깨우치면 삼학을 포괄하기 때문에 삼학을 별도로 세워서 수행할 필요가 없습니다.

견성 하나에 삼학의 지침이 모두 해소되어 있는 것입니

다. 그것은 돈오를 기반으로 합니다. 반면에 신수의 삼학은 '어떤 악도 저지르지 않는다'라는 등의 구체적인 수행 조목을 낱낱이 실천해야 하는 방법입니다. 그것은 점수입니다. 이와는 달리 혜능의 삼학에서 '잘못이 없음'·'산란함이 없음'·'어리석음이 없음'은 밟아갈 수행의 절차가 아닙니다. 이는 견성을 마치고 드러난 결과인 것입니다.

북종 신수의 삼학은 견성에 이르기 위한 점차적 수행 단계이기 때문에 점수로 규정됩니다. 남종 혜능의 삼학은 견성이라는 결과에 대한 해석적 의미 이상은 없는 것입니다. 돈오견성의 관점에서 삼학은 온전히 실현된 자성에 이차적으로 부가된 세 가지 의미에 불과합니다.

다시 말해서 계·정·혜가 독립적 가치를 지니지 않고 자성에 귀속됩니다. 자성계·자성정·자성혜라고 한 말이 그 뜻입니다. 삼학이라는 단계적 수행을 별도로 세우지 않고 견성이라는 한 가지 방법에 깨달음과 수행이 동시에 이루어집니다. 이를 가리켜 돈오돈수(頓悟頓修)라 하는 것입니다.

| 삼신불(三身佛) |

부처님의 헤아릴 수 없이 많은 공덕은 세 가지 몸으로 나타납니다. 그것을 법신(法身)·화신(化身)·보신(報身) 등 세 가지로 크게 나눈 것이 삼신불입니다. 이에 비해 물질적 요소로 이루어진 몸은 부처님이나 범부나 모두 색신(色身)이라 합니다.

삼신불에 대한《육조단경》의 사상도 자성에 입각하고 있습니다. 육신인 색신 가운데 삼신불이 모두 있다는 말은《육조단경》의 자성사상이 가지는 본질을 드러냅니다.

색신은 집과 같다. 삼신으로 돌아간다고 말할 수 없는 까닭은 그것이 자성 안에 있기 때문이다. 누구에게나 모두 있으나 어리석어 보지 못하고, 밖에서 세 부처님을 찾을 뿐이다. 그러므로 자신의 색신 가운데 있는 삼신불을 깨닫지 못하는 것이다.

삼신불이 타고난 본질이라는 진실을 알지 못하는 무지가 근본적인 어리석음입니다. 그 때문에 의지하고 기댈 위대한 존재가 밖의 그 어디엔가 있다고 착각하게 됩니다.

그렇다면 삼신불 하나하나를 《육조단경》에서는 어떻게 정의하는지 살펴보겠습니다. 먼저 법신불에 대해서는 이렇게 말합니다.

> 무엇을 가리켜 청정한 법신이라 하는가? 세상 사람의 심성은 본래 청정하고 모든 법은 그들의 자성에 들어 있다. 악한 일을 생각하기만 하면 악에 따라 행하게 되고, 선한 일을 생각하기만 하면 선한 행위를 닦게 된다. 이와 같이 모든 법이 남김없이 자성에 있다는 진실을 안다면 자성은 항상 청정할 것이다.

선행이건 악행이건 모두 청정한 자성에서 일어나는 일이라는 뜻입니다. 이러한 이치를 알기만 하면 됩니다. 그러는 한 맑고 깨끗한 자성의 본질은 그대로 보존된다는 것입니다. 여기서 청정이라는 말은 선행과 악행을 비롯하여 그 어떤 것에도 물들지 않는다는 뜻입니다.

둘째로 화신불이란 다양한 모든 존재 자체입니다. 이 변화는 무엇에 따라 일어날까요? 《육조단경》에서는 그것을 우리의 생각으로 봅니다.

무엇을 천백억의 화신불이라 하는가? 생각하지 않으면 자성은 텅 비고 고요하다. 무슨 생각이건 일어났다 하면 곧바로 자성은 변화한다. 악한 법을 생각하면 자성은 변화하여 지옥이 되고, 선한 법을 생각하면 천당이 된다. 남을 해치려는 생각은 축생으로, 자비로운 생각은 보살로 변화한다. 지혜로운 생각은 나은 세계로, 어리석은 생각은 하열한 세계로 변화된다. 자성의 변화는 이처럼 매우 많다.

백천억이라는 수는 상상을 초월하는 숫자를 나타냅니다. 생각이라는 작용이 없을 때 자성은 고요하지만 어떤 생각을 하느냐에 따라 갖가지 차별된 변화가 나타난다고 합니다. 이 낱낱의 변화된 존재가 우리 안에서 시작되어 밖으로 드러나는 화신불입니다. 따라서 생각이 많은 만큼 자성의 변화도 많고 화신불의 수도 헤아릴 수 없이 많게 됩니다. 이 또한 모든 법이 자성에 있다는 전제에 따르는 결과입니다.

삼신불에 대한 귀의를 총결하는 부분에서 《육조단경》은 삼신불의 상호관계와 보신불을 간단명료하게 설명하고 있습니다.

> 법신에 따라 생각하는 작용이 화신이며, 생각마다 선
> 하면 보신이다. 이 도리를 스스로 깨닫고 스스로 닦는 것
> 을 귀의라고 한다.

법신은 모든 생각과 변화의 근거라는 말입니다. 화신은
선과 악을 가리지 않고 생각으로 변화하여 나타난 현실적
모든 차별상을 가리킵니다. 보신은 화신 중에서 선한 부분
만 가려낸 것입니다. 이 삼신불의 관계를 알아서 스스로 깨
닫고 수행하는 것이 귀의입니다. 자성을 벗어나 법신을 찾
으려는 시도는 '업은 아기 삼 년 찾는다'고 하는 속담과 같
이 어리석은 짓입니다. 선가에서는 '소 타고 소 찾는다'라
고 비유합니다.

이 삼신불사상은 자성론에 근거한 해석입니다. 이와 마
찬가지 사유방식에 따라 자성이 부처로 변화하는 것이 바
로 성불이고 견성입니다.

> 자성이 깨달으면 중생이 부처이고, 자성이 미혹되면

부처가 중생이다. 자성이 평등하면 중생이 부처이고, 자성이 삿되면 부처가 중생이다. 그대들의 마음이 굽으면 부처는 중생 속에 갇히고, 한 순간에 평등하고 곧으면 중생 그대로 부처가 될 것이다. 내 마음에 스스로 부처가 있으니 이 자신의 부처가 참된 부처이다. 자신에게 불심이 없다면 어디로 가서 참된 부처를 구할 것인가? 그대들의 마음이 바로 부처이니 더 이상 의심하지 마라.

부처는 자성이 그렇게 변화한 것이기 때문에 밖에서 구할 필요가 없습니다. 부처와 중생은 본질적으로 하나입니다. 어리석은 부처가 중생이며, 지혜로운 중생이 부처입니다. 중생의 자성이 부처입니다. 부처란 자신의 자성을 깨우친 중생인 것입니다.

사홍서원(四弘誓願)

서원이란 반드시 이루고야 말겠다는 다짐을 나타냅니다. 사홍서원은 스스로 다짐하는 네 가지 큰 서원을 뜻합니다. '무수한 중생을 제도하고, 끝없는 번뇌를 끊으며, 무수한 법문을 배우고, 최상의 불도를 완성하리라'는 이 네 가지의 서원이 사홍서원입니다. 이는 모든 법회에서 오늘날까지 빠지지 않는 의식으로 시행되고 있습니다. 《육조단경》에서는 자성이 스스로 제도하고, 자신이 자신을 고통의 굴레에서 건져낸다는 뜻으로 사홍서원의 대의를 제시합니다.

첫째, 무수한 중생을 맹세코 제도하리라는 서원〔衆生無邊誓願度〕입니다. 6조는 "제도할 중생은 마음 속에 있다"고 말합니다. 또한 그들 중생이 각자 자신의 자성으로 스스로 제도한다고 합니다. 자성이 스스로 제도한다는 뜻은 무엇일까요? 색신에 저마다 잘못된 견해와 번뇌와 어리석음 등 온갖 오염이 들어 있습니다. 이곳에서 벗어나지 않고 바로 그 자리에 깨달을 수 있는 청정한 본성이 있다는 말입니다.

이 본래의 속성을 6조는 본각성(本覺性)이라 합니다. 색신이 포괄하고 있는 본각성에는 근본적인 작용으로서 반야의 지혜가 있습니다. 이 지혜로 어리석음과 미혹을 제거할 뿐이라고 합니다. 이것이 중생 각자가 스스로 자성에 의지하여 제도한다는 뜻입니다. 저편 어디에선가 구세주가 구름을 타고 와서 제도하는 기적 따위는 없는 것입니다.

잘못된 견해는 바른 견해로 제도하고, 미혹과 번뇌는 깨달음으로 제도하며, 어리석음이 다가오면 지혜로 제도하고, 악이 발생하면 선으로 제도하는 것입니다. 6조는 이와 같이 제도하는 것을 참된 제도라 합니다.

그 나머지 세 가지 서원도 모두 자성의 문제이고 자성 자체의 힘으로 해결합니다. 끝없는 번뇌를 끊어 버리겠다는 두 번째 서원〔煩惱無盡誓願斷〕은 자성에서 허망한 요소를 모두 제거하는 것입니다. 무수한 법문을 모두 배우겠다는 세 번째 서원〔法門無量誓願學〕은 궁극의 바른 진리를 배우는 것입니다. 마지막으로 최상의 불도를 완성하겠다는 서원〔佛道無上誓願成〕은 항상 스스로 마음을 낮추어 일체를 공경하고 반야를 일으켜 미망을 제거한 끝에 스스로 불도를 이루는 것이라고 합니다.

자성이 스스로 제도한다는 것이 돈황본《육조단경》의 기본적인 뜻입니다. 이에 따라 그 뒤의《육조단경》들은 사홍서원 앞에 모두 자기 마음 곧 자심(自心)이라는 글자를 덧붙입니다. 이것은 자성의 취지를 더욱 강조하기 위한 의도에서 비롯합니다.

색신에 본각성이 있다는 말은《육조단경》자성론의 핵심입니다. 이것은 돈오의 맥락에서 이해됩니다. 이전에 보았듯이 번뇌 자체가 깨달음이라는 이치가 돈오로 전개되었기 때문입니다.

| 삼귀의(三歸依) |

삼귀의란 돌아가서 의지할 세 가지 대상을 가리킵니다. 그것은 부처님[佛]·불법[法]·승단[僧] 등을 말합니다. 이 대상들은 불교의 근본으로서 보배와 같이 소중하기 때문에 삼보(三寶)라고 합니다.

첫째, 부처님께 귀의한다는 말은 삿된 스승을 버리고 바른 스승을 섬긴다는 포괄적인 뜻이기도 합니다. 둘째, 불법에 귀의한다는 말은 잘못된 견해로 세운 법을 놓아 버리고 바른 법에 돌아가 의지한다는 뜻입니다. 셋째, 승단에 귀의한다는 말은 불법을 수행하는 스님들의 가르침을 따른다는 뜻입니다.

이상이 삼귀의가 지니는 일반적인 의미입니다. 《육조단경》은 이 삼귀의도 자성을 기반으로 새롭게 수용합니다.

삼귀의에 대하여 《육조단경》은 자성이라는 삼보에 귀의하는 것이라고 합니다. 이 의미를 잘 드러내기 위해 자성 안의 부처는 자불(自佛), 자성 밖에 있는 부처는 타불(他佛)이라 구별하기도 합니다. 자불은 곧 자성불(自性佛)로서 자성 이외에 돌아갈 곳이 따로 없고 의지할 대상도 없습니다.

5조 홍인에게도 이러한 사상이 보입니다. 자기 마음이 아닌 피안의 부처〔彼佛〕를 염불한다면 윤회의 굴레에서 벗어날 수 없다고 한 말이 그것입니다.

6조는 "각자 자기 마음에 있는 삼보에 귀의해야 하며, 안으로 자기 심성을 제어하고 밖으로 타인을 공경한다면 스스로 귀의하는 것이다"라고 말합니다.

삼보 중 부처님은 깨달음〔覺〕, 법은 바른 이치〔正〕, 승은 청정함〔淨〕으로 각각 규정합니다. 이러한 정의는 자성의 삼보를 나타내려는 의도에 따릅니다. 세 가지 모두 자성 이외 다른 것이 아닙니다. 이 경우 귀의란 세 가지를 남김없이 실현하여 자성을 깨닫는 견성과 다르지 않습니다.

결국 견성이 삼귀의의 궁극적 의미에 해당합니다. 자성 삼보는 자기 안에서 스스로 증명할 수 있다고 강조합니다. 자성삼보는 돈오·견성의 근거가 되는 자성 이외에 어떠한 대상에도 의지하지 않는 사상입니다. 이는 누구에게나 있는 평등한 삼보를 근거로 하기 때문입니다.

이 때문에 이 삼귀의를 무상삼귀의(無相三歸依)라고도

합니다. '무상'이란 차별상이 없다는 말입니다. 차별상은 부처가 부처의 영역에, 중생은 중생의 영역에 각각 분할된 모습을 가리킵니다. 하지만 부처와 중생을 막론하고 누구에게나 자성은 평등하여 차별이 없고, 부처가 중생으로 중생이 부처로 통하기 때문에 무상입니다. 6조는 이렇게 차별상이 없는 자기 부처〔自佛〕에 귀의하도록 권한 것입니다.

내 마음에 부처가 있으니 이 자기 부처가 참된 부처이다. 자기에게 불심이 없다면 어디서 부처를 구할 것인가?

이 밖에 자신이 저지른 악행에 대한 참회 역시 자성으로 귀결됩니다. 이전에 지은 악행을 자성에서 제거하는 자성 참회를 말합니다. 자성이 어리석음에 물들지 않고 모든 악행이 한꺼번에 사라지면 참된 참회라 합니다. 이 또한 견성이라는 목표를 의식한 풀이입니다.

이상과 같이《육조단경》에서는 불교의 전통적인 의식과 사상들을 자성의 부처에 근거하여 재해석하고 있습니다. 그것은 돈오견성이라는 목표에 따라 조정되고 있는 것입니다. 삼신불과 사홍서원 등을 처리하는 《육조단경》의 공통된 방법이 있습니다. 그 모든 것을 자성으로 되돌리는 사고방식입니다.

《육조단경》에서 모든 이들을 이끌고자 하는 목표는 견성이고, 자성은 그곳에 도달하는 바탕입니다. 견성을 성취하는 특유의 방법은 단계적 방편을 철저하게 배제하는 돈오입니다. 돈오의 근거는 언제나 그것을 추구하는 사람 안에 있기에 다른 방편을 구할 필요가 없습니다.

　　돈교(頓敎)를 깨닫게 되면 마음 밖에 집착하여 수행하지 않는다. 오로지 자기 마음에서 항상 바른 견해를 일으킬 뿐이다. 마음이 번뇌에 물들지 않는다면 그것이 바로 견성이다.

《육조단경》은 이와 같이 철저하게 자성의 돈오만 인정하고, 자성 밖에 깨달음의 조건이 있다는 사실을 받아들이지 않습니다. 고려의 보조국사 지눌(知訥)이 이를 요약합니다.

"어떤 방편을 써야 한 찰나에 심기를 돌려 자성을 깨달을 수 있는가?"

"단지 그대 자신의 마음이 있을 뿐 더 이상 무슨 방편을 지어내겠는가?"

이어서 지눌은 말합니다.

"이 마음을 깨닫는다면 진실로 점차적 단계를 밟지 않고 곧바로 부처의 지위에 오를 것이다."

단계가 없이 부처의 지위에 오르는 방법은 돈오에 의한 견성입니다. 지눌이 이 대목에서 방편을 부정하는 입장에 선 이유는 돈오를 드러내고자 했기 때문입니다. 6조의 말입니다.

그대들은 고요함을 관찰하거나 마음을 비우려 하지 마라. 이 마음은 본래 청정하여 취하거나 버릴 수 없기 때문이다.

더하거나 뺄 것이 없는 본래의 청정한 마음이 바로 자성입니다. 이 자성을 두고 관찰하거나 공덕을 쌓는 방식의 수행은 불필요합니다. 다만 자성을 곧바로 알아차리는 유일한 길이 있을 뿐입니다. 돌아가거나 한 걸음씩 올라가는 등모든 방편이 자성을 깨닫는 데는 소용없습니다.

후대의 설봉의존(雪峰義存)은 "하늘로 올라감에 사다리를 빌리지 못하고, 땅 그 어디에도 따라갈 길이 없다"라고 하였습니다. 위로 통하는 사다리와 전후좌우로 연결된 길은 방편을 상징합니다. 위에도 아래에도 의지할 수단이 없는 진퇴유곡의 지경에서 돈오의 길이 열립니다. 한 올의 머리카락만한 자취도 남아 있지 않은 자리를 잡고 있어야 돈오의 소식이 전해지는 것입니다.

4. 돈오견성의 활발한 전개

견성은 자성을 깨닫는다는 의미에 제한되지 않습니다. 자성 안에서 정과 혜를 실현하여 편안해진 상태는 반쪽의 진실에 불과합니다. 더구나 돈오라는 관점에서 보면 이는 배척의 대상입니다.

돈오견성을 온몸으로 얻은 6조의 삶이 그러했듯이 모든 깨달음은 희비가 교차하는 현실에서 증명되어야 합니다. 직심의 경우와 같이 자성 밖에서 주고받지 못하고 자기 안에 머문다면 온전한 깨달음이 되지 못합니다.

후대 간화선의 대성자인 대혜종고(大慧宗杲)는 "근본적인 도는 단지 눈앞에 있을 뿐이다. 그런데 눈앞의 진실을 보기 어렵다. 도의 참된 본체를 알고자 한다면 소리와 색과 언어를 떠나지 마라"고 하였습니다. 대혜의 선법은 돈오를 표면에 내세우지는 않습니다. 돈오선이 그 선법 곳곳에 깊숙이 스며들었기 때문에 굳이 이름을 붙이지 않았을 뿐입니다.

하지만 그것은 이미 활발하게 움직이는 돈오견성 이외 다른 선법은 아닙니다. 소리와 색을 떠난 경계나 침묵은 돈오의 영역이 아닙니다. 돈오는 단지 깨달음이 아니라 활발한 작용이라는 점을 명심해야 합니다.

더 이상 번뇌의 불길이 타지 않는 고요함은 모든 선법이 지향하는 목표입니다. 다만 여기서 한 걸음 더 내딛고 "모든 존재에서 근본을 밝히고 사물마다 도가 드러나는 경지"로 나아가야 합니다.

6조의 수제자 회양(懷讓)은 "부처는 일정하게 굳어진 형상이 없고 어디에도 머물지 않는다"라고 했습니다. 그는 좌선에 몰두하는 마조(馬祖)에게 "그대가 만약 부처를 앉힌다면 부처를 죽이는 것이다"라고 꾸짖기도 했습니다. 회양이 6조의 충실한 제자가 되었던 이유는 여기에 있습니다. 식은 재가 타지 않는 그대로 활기 없이 침몰해 있는 좌선은 돈오의 취지에서 벗어납니다.

마찬가지로 자성 안에서 만족하기를 기대한다면 그곳에 속박되고 맙니다. 자성에 대한 깨달음과 더불어 자유로운 활용이 함께 갖추어 질 때 돈오견성이 완성됩니다. 6조는 말합니다.

모든 법에 빠짐없이 통하고 갖가지 행위를 모두 갖추어야 한다. 그런 다음 어떤 것에서도 벗어나지 않고 다만 법의 차별상을 떠남으로써 얻는 결과가 하나도 없는 경지가 최상승이다.

《육조단경》에서 구분한 네 가지 교법 중 근본으로 삼는 최상승을 설명한 부분입니다. 여기에 생동하는 현실과 교섭하도록 유도하는 돈오의 특징이 잘 나타납니다. 돈오는 '모든 법'과 '갖가지 행위' 그 어떤 것도 벗어나지 않습니다. 그것들은 모두 돈오가 활용해야 할 대상인 것입니다. 이렇게 떠나지 않지만 동시에 선과 악 등 모든 법의 차별상에 대한 집착은 떠난다고 합니다.

최상승을 종지로 삼는《육조단경》에서 구분한 나머지 세 가지 교법은 어떤 것일까요? 보고 들은 것을 그대로 읽고 외우는 소승(小乘), 뜻을 깨닫고 이해하는 중승(中乘), 법에 의지하여 수행하는 것은 대승(大乘) 등이 그 세 가지 교법입니다.

이들 세 가지 교법은 모두 법을 근거로 하는 반면 최상승은 그 법을 대상경계에서 응용하는 특징을 지닙니다. 모든 법과 갖가지 행위에 빠짐없이 적용되어 일정한 부분에 제약되지 않고 자유롭게 출입하는 견성의 지혜가 그 중심에 자리잡고 있습니다. '어떤 것에서도 벗어나지 않는다'는 말은 동시에 모든 차별상에 대한 집착에서 풀려났다는 뜻을 내포합니다. 모든 존재상황에 참여하면서도 어떤 소득도 없는 경지를 실천하는 것이 돈오견성이며 최상승의 목적입니다.

대립하거나 차별되는 현상에 집착하지 않고 온갖 존재들과 막힘없이 거래하는 작용이 돈오입니다. 돈오는 있음도 없음도 얻지 않고 선도 악도 얻지 않는 철저하게 소득이 없는 경지입니다. 만물 속에 참여해도 소득이 없기에 그 무엇도 짐이 되지 않습니다. 이러한 무소득은 공(空)의 실천을 단적으로 나타냅니다.

소득이 없고 집착이 없이 갖가지 상황에 던져지더라도 머물지 않습니다. 이것이 바로 돈오견성의 참된 실현입니다.《육조단경》에서 최상의 가르침 곧 최상승은 돈오와 다르지 않은 것입니다.

법신의 다섯 가지 공덕을 나타내는 오분법신(五分法身)이라는 개념이 있습니다. 앞서 나온 계·정·혜에다 해탈(解脫)·해탈지견(解脫知見)을 덧붙여 모두 다섯 가지로 법신의 공덕을 나타냅니다.

6조는 이것을 향(香)에 비유합니다. 법신의 공덕은 향이 사방에 퍼져 후각을 즐겁게 하는 것과 같다는 의미입니다. 세간의 모든 향기 중 가장 뛰어난 향기가 그것이라 한 여러 경전의 말에 근거가 보입니다.

그 중 해탈지견향에 돈오견성의 궁극적 의미로서 혜의 작용이 나타납니다.

자기 마음에 선·악을 대상으로 삼아 분별하는 일이 없더라도 텅 빈 지경에 빠져서 고요함만 지켜서도 안 된다. 넓게 배우고 많이 들어서 자신의 본심을 알고 부처님이 주신 이치에 통달해야 한다. 또한 지혜의 빛을 조화시켜 만물과 접하더라도 자아와 타자를 차별하지 않고 깨달음의 본성이 변하지 않는 경지에 이르러야 한다. 이것을 해탈지견의 향이라 한다.

선·악 등에 대한 분별이 없을 뿐만 아니라 만물과 적극적으로 어울려야 합니다. 모든 번뇌와 속박에서 풀려난 것을 해탈이라 합니다. 이 해탈에 대한 집착없는 앎이 구비된 것을 해탈지견이라 합니다. 어떤 분별에도 속박되지 않지만 많이 듣고 배우는 방법을 부정하지도 않습니다. 그것은 만물과 접하는 작용과도 일관되게 연결되는 것입니다.

텅 빈 지경에 침몰하면 혜의 작용이 없는 삼매에 불과합니다. 그것은 공(空)의 이치와 상관없습니다. 진실한 공이란 갖가지 대상과 함께 있어도 부작용과 집착을 유발하지 않는 상태를 가리키기 때문입니다. 교학에서는 그것을 현상〔色〕과 떨어지지 않는 공이라 하여 색즉시공(色卽是空) 또는 즉색공(卽色空)이라 합니다. 텅 빈 침몰은 마음에 아무 기록이 없다고 하여 무기공(無記空)이라 비판됩니다.

여기서 지금까지 언급한 돈오견성의 주요한 특징을 간

단히 정리해 보겠습니다. 첫째, 돈오와 점수의 차이는 깨달음의 빠르기가 아니라 그 방법에 의해 결정됩니다. 둘째, 돈오견성은 좌선에 의한 견성을 비판한 성과입니다. 셋째, 돈오견성은 오로지 자성을 수행의 근거로 삼고 자성 밖의 어떤 방편도 설정하지 않습니다. 넷째, 돈오견성은 정(定)보다 혜(慧)를 중시합니다. 이것은 자성 밖에서 전개되는 혜의 작용에 초점을 둡니다.

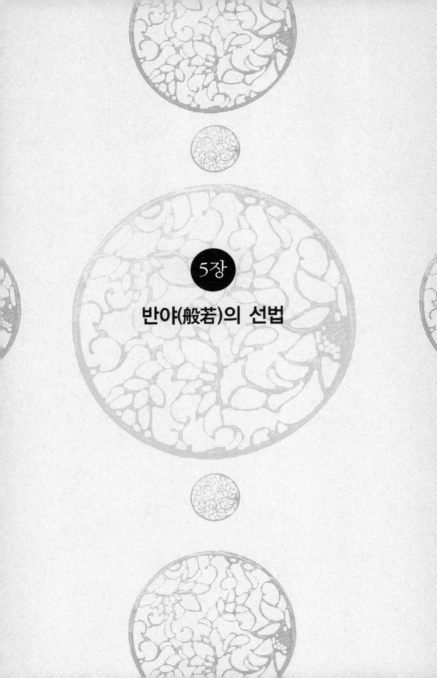

5장

반야(般若)의 선법

반야사상은 공(空)을 핵심으로 합니다. 다만《육조단경》
은 돈오견성이라는 특수한 선법과 밀접하게 연관되는 한에
서 반야사상의 정체를 드러냅니다. 그 반야사상의 특징을
가장 잘 드러내는 세 가지 선법이 있습니다. 무념(無念)·
무상(無相)·무주(無住)가 그것입니다.

　이 세 가지 선법은 반야사상을 바탕에 깔고 돈오견성의
이념을 요약하고 있습니다. 무념과 무상은 동일한 반야 논
리에 따라 견성의 뜻으로 돌아갑니다. 무주도 동일한 취지
이지만 무념과 무상이 모두 함축되어 있는 사상입니다. 이
는 6조가 최초로 불문에 들어선 계기가 되었던 사상으로서
일생을 통하여 일관되게 나타나는 선법입니다. 이들은 경
계 안에서 반야를 구체화시키는 실천사상입니다. 그것은

《육조단경》의 특징으로서 혜의 작용 이외에 다른 것이 아닙니다.

이러한 《육조단경》의 지혜는 교학의 반야사상을 배경으로 합니다. 뿐만 아니라 반야의 지혜는 자성 밖의 모든 존재와 소통하고 그것을 한 덩어리로 통일시키는 근본적인 힘입니다.

무념·무상·무주의 선법에 《육조단경》의 사상적 특징인 혜(慧)의 작용이 선명하게 드러납니다. 반야사상의 실천은 이 세 가지에서 극치를 이루는 것입니다. 정(定)이 본체라면 혜(慧)는 작용에 해당합니다. 혜를 특징으로 삼는 돈오견성은 좌선비판을 통하여 정립되었습니다. 이 혜(慧)가 반야이며 전통적인 반야의 논리가 돈오견성의 옷으로 갈아입고 새로운 모습으로 등장하는 것입니다.

반야는 산스크리트어로서 한역하면 지혜라 합니다. 선정(禪定)의 두 가지 요소는 정(定)과 혜(慧)입니다. 이 두 가지는 결코 떨어질 수 없으며 하나라도 없다면 참된 선정이라 할 수 없습니다. 하지만 목적에 따라서는 어느 한 편을 더 부각시키기도 합니다. 《육조단경》은 정(定)보다 혜(慧)를 강화하는 방향으로 선법이 변화하고 있던 시기의 산물입니다. 반야사상도 이에 따라 수용합니다. 정(定)과 혜(慧)라는 두 가지를 모두 구비하여 선정이 실현되면 자기 안에 잠자고 있던 부처〔自性佛〕가 깨어나 움직이게 되는 것입니다.

지혜를 강화하는 편으로 선(禪)을 재편하려 했던 혜능에게 반야는 각별한 의미를 가지고 있습니다. 이 지혜는 자기 안의 부처를 강조하는 자기 본성〔自性〕의 지혜와 다양한 대상 세계에서 자유자재로 그 경지를 전개하는 지혜로 대별되지만 그 본질은 동일합니다.

또한 이 두 유형의 지혜가《육조단경》에는 모두 발견되며, 반야의 지혜는 그 중에서 주로 자성의 지혜를 나타냅니다. 정(定)이 고요한 삼매의 경계라면 지혜는 그것을 근거로 삼아 바르게 분별하고 느끼고 살피는 등 갖가지 작용을 말합니다. 자성의 반야는 바르게 구현된 고요함의 극치〔定〕에서만 나타나는 활발한 움직임입니다.

1. 무념(無念)이란 무엇인가?

| 무념의 정의 |

무념(無念)에서 '념'이란 우리 마음에 일어나는 무수한 생각(想念)이고 '무'란 없다는 뜻입니다. 그렇다면 '어떤 생각도 없다'는 것이 무념의 뜻일까요? 그렇지 않습니다.

《육조단경》에서 무념은 "생각 속에 있으면서, 생각이 없는 것(於念而無念)"으로 정의됩니다. 이 말에 무념의 근본이 요약되어 있습니다. '생각 속에 있다'는 말은 생각을 떠나지 않는다는 뜻이고, '생각이 없다'는 말은 그 생각에 대한 집착이 없다 또는 물들지 않는다는 뜻입니다. 이 두 가지 뜻이 무념이라는 한 가지의 상황에 녹아 있습니다.

'생각 속에 있다'는 말은 대상에 대한 분별이 전혀 없는 상태(無記)와 다릅니다. 6조가 '마음을 자주 일으킨다'라고 한 게송을 기억하시기 바랍니다. 적극적으로 생각을 일으켜 대상과 접하는 작용에 반야의 지혜가 들어 있습니다. 반면에 '생각이 없다'는 말은 대립적인 두 가지 차별상에 속박되지 않는다는 뜻입니다. 현실의 그 어떤 상황에 뛰어들어 생각이 일어나도 그것에 지배되지 않는 상태를 가리킵니다.

마음에는 헤아릴 수 없이 많은 생각이 일어났다가 사라지기를 반복합니다. 이렇게 무수한 생각을 모조리 제거하고 남은 호젓하기만 한 상태를 무념이라 하지 않습니다. 그것은 허망하게 가라앉은 마음일 뿐입니다. 무념을 굳이 '없음'의 뜻에 준하여 풀자면 '망념이 없다'는 뜻과 통할 것입니다. 그래서 6조는 말합니다.

'무'란 어떤 일이 없다는 것이고, '념'이란 무엇을 생각한다는 말인가? 무란 두 가지 차별상이 없고 번뇌에 시달리는 마음이 없다는 뜻이다. 념이란 진여(眞如)라는 본성을 생각하는 것이다.

있음과 없음 등의 차별된 현상에 얽매이지 않는 방식은 공(空)에 대한 실천과 같습니다. 두 가지 차별은 모두 공에 귀착되고 어느 것도 집착할 수 없습니다. 모든 차별상은 실체가 없기 때문에〔空〕 본질적으로 집착할 수 없는 대상입니다. 그것을 실재하는 존재로 착각하기 때문에 소유하려 하지만 끝내 가질 수 없습니다. 따라서 번뇌를 촉발할 수밖에 없습니다. 이처럼 두 가지 차별상과 번뇌는 맞물려 있는 관계라는 뜻입니다. 진여의 무차별을 받아들여 생각하면 이렇게 헛된 차별을 모조리 무너뜨립니다. 이와 같이 무념은 기본적으로 반야의 공을 실천하는 것입니다.

그러나 이것으로 《육조단경》의 무념을 모두 드러내지는 못합니다. 온갖 생각과 그대로 어울려도 그것에서 자유로워야 비로소 무념이라 할 수 있습니다. 생각 속에 있어도 그 생각에 오염되지 않아야 무념은 실현됩니다. 따라서 무념의 본질은 이렇게 정의됩니다.

진여는 생각[念]의 본체이고, 생각은 진여의 작용이다. 따라서 무념의 념이란 진여의 작용이다. 진여라는 본성에서 생각을 일으켜 비록 보거나 듣거나 느끼거나 알더라도 모든 경계에 오염되지 않고 항상 자유롭다.

무념은 생각이 없는 상태가 아니라 자유자재로 생각하며 대상과 접촉하는 작용입니다. 대상과 접촉하는 이상 보고 듣는 등의 작용이 일어나지 않을 수 없습니다. 바로 그러한 작용 속에서도 오염되지 않아야 비로소 무념이라 합니다.

| 잡을 수 있는 생각은 없다 |

마음에서 일어나는 생각들은 있음과 없음, 화와 복, 기쁨과 슬픔 등 여러 가지 짝으로 구성되어 있습니다. 생각이 있는 이상 이와 같은 대립의 짝은 피할 수 없습니다. 우리의 모든 생각은 이 대립을 통하여 자극되고 그것에 의존하여 유지되기 때문입니다. 그것은 생각의 필연적인 조건입니다.

그러나 이들 대립의 어느 편도 잡을 수 없습니다. 있음이나 없음이나 실체로 자리잡고 있는 생각은 없는 까닭입니다. 그럼에도 불구하고 우리는 그렇게 할 수 있다는 착각에 물들어 있습니다. 바로 이렇게 잡을 수 없다는 진실을 알려면 무념과 하나가 되어야 합니다.

모든 생각은 찰나마다 일어났다 사라지기를 반복합니다. 그 때문에 있는가 싶으면 없고 없는가 싶으면 있는 것으로 변화합니다. 어떤 방식으로 어떤 생각이 되었건 잡기만 하면 이미 그것이 아닙니다. 잡을 수도 없고〔不可得〕, 어떤 소득도 없습니다〔無所得〕. 이것이 반야사상의 본질이며, 공이 지니는 본래 뜻입니다. 《육조단경》에서 무념은 처음부터 끝까지 이것에 근거합니다. 그것은 반야사상과 견성의 실천이기도 합니다. 6조는 다음과 같이 말합니다.

무념을 근본으로 세운다는 말은 무슨 뜻인가? 어리석은 사람은 입으로만 견성을 말할 뿐, 경계에 생각을 두고 그 생각에서 잘못된 견해를 일으킨다. 모든 번뇌망상은 이것으로부터 발생한다. 자성에는 본래 얻을 수 있는 법이 하나도 없다. 만약 얻은 결과를 가지고 화니 복이니 하고 망령되게 말한다면, 이것이 번뇌이자 잘못된 견해이다. 그러므로 이 법문은 무념을 근본으로 삼는 것이다.

얻을 수 없는 대상에 대하여 얻을 수 있다고 굳게 믿는 생각이 잘못된 견해입니다. 우리의 본성인 자성에는 잡을 수 있는 요소가 하나도 없습니다. 잡을 수 없고 얻을 수 없는 자성을 잡을 수 있는 대상으로 거꾸로 생각하는 것이 삿된 견해입니다. 그것이 번뇌를 유발시키는 원인인 것입니다.

자성에는 자신을 해치는 속성의 생각과 이득을 주는 속성의 생각이 혼재합니다. 전자를 화라 하고 후자를 복이라 합니다. 복이나 화나 모두 나에게 미칠 수 없는 공이라고 알아차리면 그것이 무념입니다. 화와 복뿐만 아니라 모든 대립적 짝들은 잡을 수 없습니다. 두 가지 어느 것이나 그 본질은 공이고, 이 공의 진실과 어김없이 일치하는 길이 무념에 있습니다.

이처럼 무념은 얻을 수 없는 자성의 이치를 근거로 하는 실천입니다. 모든 생각 속에 있으면서 그 생각에 물들지 않으면 번뇌망상은 일어나지 않습니다. 따라서 '잘못된 견해'란 짝이 되는 두 가지 상〔二相〕을 실재하는 것으로 집착하는 생각입니다. 모든 의미의 두 가지 상이 사라져 더 이상 마음이 지향할 대상이 없어야 무념은 완성됩니다. 이전에 불법은 불이(不二)의 법이라 한 말도 같은 맥락입니다. 그래서《육조단경》에서는 이렇게 말합니다.

오고 감이 서로 원인이 되어 결국 대립하는 두 법이 모조리 사라지고 더 이상 갈 곳이 없다.

있음과 없음, 선과 악, 화와 복 등이 서로 걸림 없이 오고가면서 상호 원인이 되는 것이 공의 이치입니다. 양편이 서로 상대에 의존하여 독립적인 실체가 없기 때문에 두 가지 모두 공입니다. 이렇게 대립하면서 실체로 잡을 수 없는 두 법에 대한 집착이 사라진 경지가 무념입니다. 결국 어느 편이 되었건 갈 곳이 사라지면 어디에도 의지하지 않게 됩니다. 집착의 근거가 박탈되어 더 이상 잘못된 견해가 일어나지 않는 것입니다.

무념의 경지는 범부라는 생각도 성인이라는 생각도 모두 통하지 않습니다. 범부와 성인은 무념 속에서 차별되게 관조되기는 하지만 그 경지에 든 사람은 어느 편이 좋다거나 어느 편이 싫다거나 하는 정감이 일어나지 않기 때문입니다.

하지만 무념 자체도 확고부동한 진실로 받아들이면 안 됩니다. 두 가지 생각의 흔적을 없애는 무념이라는 수단이 또 하나의 진한 흔적으로 남아서는 안 되는 것입니다. 후대의 조사선에서는 "부처가 있는 곳에는 머물지 말고, 부처가 없는 곳은 급히 지나쳐 가라"고 합니다. 부처가 있건 없건 그곳에 눌러앉아서는 안 된다는 의미입니다. 이와 같이 무념도 안착할 터로 여기면 또 하나의 끈끈한 집착이 될 것입니다.

있는 것도 안 되고 없는 것도 안 됩니다. 하지만 그 중간에 어떤 해방의 통로가 있지도 않습니다. 바로 그 순간, 그 무엇도 자신에게 달라붙지 않아 자유롭다고 느낀다면 어느 곳으로도 갈 수 있습니다. 반면에 비비고 기댈 언덕이 없어 허전하다고 생각하면 티끌만한 대상을 보고도 미혹되어 매달리려 할 것입니다.

| 무념의 영향 |

6조의 무념은 후대 선법에 지대한 영향을 줍니다. 마조 문하의 대주혜해(大珠慧海)선사가 지은 《돈오요문(頓悟要門)》이라는 책이 있습니다. 《육조단경》과 마찬가지로 이 책도 "무념을 근본으로 삼는다"고 밝히고 있습니다.

대주혜해의 견해는 다음과 같이 요약됩니다. 무념에서 '무'는 잘못된 생각이 없는 것이지 바른 생각이 없음을 가리키지 않습니다. 잘못된 생각이란 있음과 없음 등 두 가지 상에 대한 집착이 남아 있는 것입니다. 바른 생각이란 단지 두 가지 상에 집착이 '없음'일 뿐만 아니라 보리(菩提)를 생각하는 것입니다. 보리는 깨달음을 말합니다.

《돈오요문》의 이 말은 《육조단경》에서 무념에 대하여

'진여(眞如)를 생각[念]하는 것'이라 한 정의와 같습니다. 그렇다면 보리는 얻을 수 있다는 뜻일까요? 대주혜해는 그렇지 않다고 합니다. 보리 또한 얻을 수 없고 생각의 대상으로 취할 수 없다고 합니다. 보리를 잡을 수 있다고 한다면 무념의 기초에 어긋납니다. 어떤 것도 생각으로 포착할 수 없는 경계가 바로 무념입니다.

《돈오요문》에서는 무념을 보충 설명하기 위하여 무심을 덧붙입니다. 모든 대상에 대한 무심이 그것입니다. 모든 존재에 대한 소유와 집착이 사라진 마음이 무심입니다. 그 근거로 공(空)을 제시하고 있다는 점에서 무념과 일맥상통합니다. 또한 궁극적인 얻음은 얻을 수 없다는 이치를 실천한 결과라고 합니다. 그것을 초래하는 원인도 둘이 아닌 이치[不二]의 실천을 통해서 이루어집니다.

도(道)를 얻는다는 것은 무슨 뜻인가? 궁극적인 얻음을 얻음으로 삼는다. 무엇을 가리켜 궁극적인 얻음이라 하는가? 얻음도 없고 얻음이 없음도 없는 것이 궁극적인 얻음이다. 궁극적인 공(空)이란 무엇인가? 공도 없고 공이 없음도 없는 것이 궁극적인 공이다.

궁극적은 얼음이거나 궁극적인 공이거나 두 가지 상에 대한 생각에서 벗어납니다. 그 측면이 무념의 이치와 동일한 것입니다. 공도 얻을 수 없고 공이 없음도 얻을 수 없다는 방식으로 조정이 되어야 궁극적인 뜻에 도달할 수 있습니다. 《육조단경》과 마찬가지로 그 뒤를 이은 《돈오요문》에서도 어떤 것도 얻을 수 없는 무소득의 반야사상에 따라 무념의 뜻을 세우고 있습니다.

6조의 제자 신회(神會)가 주장하는 무념도 6조의 그것과 마찬가지로 반야사상에 근거합니다.

무념이란 무엇인가? 있음과 없음을 생각하지[念] 않고, 선과 악을 생각하지 않으며, 유한과 무한을 생각하지 않는 것이다. 보리를 생각하지 않음은 보리를 생각의 대상으로 삼지 않는 것이고, 열반을 생각하지 않음은 열반을 생각의 대상으로 삼지 않는 것이다. 이것이 무념이다. 이 무념이란 반야바라밀이며, 반야바라밀이란 일행삼매이다.

이처럼 있음과 없음 등 그 어느 편도 생각의 대상으로 삼지 않는 것을 무념이라 합니다. 이 또한 공의 논리에 입각한 실천을 나타냅니다. 양변이 모두 공이기 때문에 생각으로 포착하지 않는 방법이 그 주안점입니다. 무념과 반야 그리고 일행삼매가 하나의 구조 속에 통일되어 있습니다.

신회의 다음 문답에도 반야의 논리에 따르는 무념이 분명하게 드러납니다.

장연(張燕)이 신회에게 물었습니다.

"선사께서는 매일같이 무념의 법을 설하시고 닦으라고 권하십니다. 무념의 법은 있는 것입니까, 없는 것입니까?"

"무념의 법은 있다고 말할 수도 없고, 없다고 말할 수도 없다."

"어떤 이유로 무념은 있다거나 없다거나 말할 수 없습니까?"

"있다는 말은 상식적인 있음과 다르고, 없다는 말은 상식적인 없음과 다르다. 그러므로 무념은 있음과 없음 그 어느 편과도 같지 않다."

무념에서 없다는 말은 생각이 전혀 없다는 부정이 아닙니다. 있음과 없음을 두 가지 전혀 다른 대립으로 설정하는 것이 상식적인 사고방식입니다. 하지만 이는 상식이 아니라 정확히 말하면 착각입니다. 진실과 어긋나기 때문입니다. 있다고 해도 없다고 해도 집착이며 착각에 기초한 생각일 뿐 진실이 아닌 것입니다.

신회의 선법에서 무념과 해탈과 반야는 한 덩어리입니다. "해탈을 얻은 상태가 곧 반야삼매이고, 반야삼매를 깨달으면 무념이다"라는 말에 그 뜻이 담겨 있습니다.

이 선법은 반야를 근거로 견성을 지향하는《육조단경》의 무념과 다르지 않습니다. 다만 모든 법 안에서 활발한 작용을 목표로 하는《육조단경》의 돈오와 비교하면 차이가 있습니다. 뿌리는 동일하지만 그곳에서 자라난 가지와 잎이 다른 격이라 할 수 있습니다.

| 무념과 돈오 |

무념은 자기 안의 생각〔念〕에 매달리지 않습니다. 어디에나 있지만 그 어디에도 속박되거나 집착하지 않는 것이 그 핵심입니다. 6조는 "무념은 모든 법을 알면서도 그 어떤 법에도 집착하지 않고, 모든 곳에 빠짐없이 있으면서도 그 어디에도 달라붙지 않는다"라고 그 뜻을 전합니다.

모든 법을 알고 모든 곳에 참여하면서도 집착하지 않는 선법이 무념입니다. 번뇌라는 먼지로부터 말끔히 정화된 마음이 자기 밖의 세계로 나와서도 그 상태를 유지하는 것을 무념이라 합니다. 6조는 반야삼매와 자유자재한 해탈이 무념의 실행이라 말했습니다. 이것은 위에서 밝힌대로 신회가 답습했던 선사상입니다. 6조의 요지는 다음과 같습니다.

항상 자기 마음을 청정하게 한 다음 눈과 귀를 비롯한 모든 감각이 보거나 듣는 작용을 하도록 합니다. 이렇게 한다면 소리와 색 등의 대상으로 가득찬 세계로 던져지게 될 것입니다. 그러나 그곳으로부터 벗어나지도 않고 그것에 물들거나 지배되지도 않습니다. 나아가 그 대상과 자유자재로 교감합니다. 이것을 반야삼매라 하고 자유자재한 해탈이라 했습니다. 무념의 실행은 바로 그것입니다.

6조가 말한 대상 세계는 번뇌의 먼지로 가득찬 우리 주변의 모든 생활공간을 가리킵니다. 이 안으로 적극적으로 들어가서도 먼지가 묻지 않아야 무념이 바르게 실행되었다는 증명이 됩니다. 6조가 방아를 찧으며 뒤집어썼던 그 먼지와 조금도 다르지 않습니다. 그것은 6조의 몸과 마음을 더럽히지 않았고 오히려 자신의 무념을 입증하는 무수한 파편이었던 것입니다. 이 무념은 궁극적으로 무엇을 목표로 할까요? 그것은 돈오입니다.

아무 생각이 없어서는 안 된다. 생각이 끊어지면 법에 속박된 것이니 한 편에 치우친 견해라 한다. 무념을 깨달은 사람은 모든 법에 막힘없이 통하고, 무념의 법을 깨달은 사람은 모든 부처의 경계를 보며, 무념이라는 돈오의 법을 깨달은 사람은 부처의 지위에 이른다.

모든 법과 거래해도 막힘없이 통하는 그것이 부처의 경계입니다. 6조는 무슨 이유로 자성 밖의 세계에 활용하는 방법을 거듭 강조하는 것일까요? 돈오를 전하려는 목적이 있기 때문입니다. 그가 살아온 삶의 기록에서 도출된 사상이 돈오라는 점을 숙지해야 합니다. 나날의 현장에 펼쳐지는 몸과 마음의 움직임을 제외하고 돈오는 있을 수 없습니다. 그래서 무념은 번뇌의 먼지 속으로 몸을 던지는 활용이며 돈오와 다르지 않습니다.

무념으로 모든 상황과 대면하는 방식은 다음과 같이 요약됩니다. 모든 법과 모든 대상에 대하여 마주하지 않는 것이 없지만, 무엇에도 집착하지 않는 것입니다. 무념은 모든 상황과 적극적으로 관계하며 전개하는 작용입니다. 자성의 본질이 발휘되는 활용의 맥락에 무념이 있는 것입니다.

　　반야삼매와 해탈은 자성의 자유로운 운용입니다. 그것이 바로 무념의 실행과 동일한 차원입니다. 진실로 집착이 없는 사람은 대상에서 떠나지 않습니다. 굳이 대상에서 벗어나고자 하는 의지는 오히려 그 대상에 속박되어 있다는 반증이 됩니다. 그래서 '생각이 끊어지면' 반야의 지혜가 발휘될 수 없는 장벽에 막히게 됩니다. 그것은 모든 법에 집착하지 않는 무념의 실행과도 어긋나는 것입니다.

　　선과 악 등 대립의 양단에 대한 망상이 없는 경지가 무념입니다. 망상이 없기 때문에 선에도 악에도 기울지 않고 자유롭게 활용하는 여유가 생기는 것입니다. 성인의 지위를 바라지도 않고 범부의 천박한 견해에 얽매이지도 않지만, 그 중간에 샛길이 있으리라 생각하면 벌써 무념이 아닙니다. 한 손에 잡은 범부라는 물건과 다른 한 손에 잡은 성인이라는 물건을 모두 놓아 버리고 더 이상 다른 어떤 것도 잡지 않는 것입니다. 이러한 무념과 반야의 논리가 조사선의 문답과 간화선의 화두참구에 고스란히 활용됩니다.

6조의 말대로 이러한 무념을 깨닫는 자체가 돈오와 통합니다. 무념도 북종비판과 떨어질 수 없는 관계에 있다는 사실은 두 말할 필요도 없습니다.

> 이 가르침의 문은 무념을 근본으로 세운다. 그릇된 선법을 추구하는 사람들은 모든 견해를 떠나고 어떤 생각도 일으키지 않는다. 이 방식으로 생각이 전혀 없다면 무념도 세울 수 없다.

여기서 그릇된 선법은 북종선을 가리킵니다. 견해와 생각을 모두 떠나 오로지 고요함을 추구하는 방식이 북종선 비판의 초점이 됩니다. 무념은 이러한 선법과 대척점에 놓일 때 더욱 선명하게 드러납니다. 무념의 '무'는 마음의 작용이 전혀 없는 상태가 아니라는 뜻은 이전에 밝힌 것과 같습니다. 마음이 활발하게 움직이며 생각을 일으켜 보고 듣는 등의 작용 자체에서 무념을 찾아야 합니다. 무념의 '무'는 마음의 모든 작용을 포용하면서 동시에 있음과 없음 등 대립되는 두 가지 차별상을 융화하는 의미로 사용됩니다.

북종비판의 선두 주자였던 신회는 단지 무념이라 하지 않고 '무념을 안다'고 표현합니다. 무념을 안다는 것에 대하여 "비록 보고 듣고 느끼고 아는 작용을 갖추지만, 항상 텅 비고 고요하여 삼학이 한 순간에 평등하고 모든 마음의 움직임이 구비된다"고 정의합니다.

여기서 《육조단경》과 사상적 연관성이 드러납니다. 신회가 '안다'고 표현한 의도는 생각을 떠나서 고요함을 지켜본다고 제시한 북종의 선법과 차별화시키기 위해서입니다. 신회 역시 망상을 일으키는 장애를 제거하는 것보다 적극적으로 생각을 일으키는 작용을 본질적 의미로 덧붙여 혜의 작용을 강조했습니다. 그 작용에 돈오의 본질이 들어 있습니다.

| 무념 속의 감각 |

《육조단경》은 마음을 일으키지 않는 방법을 중심으로 하는 북종의 심불기(心不起)를 비판합니다. 대신 그 자리에 생각을 일으키는 기념(起念)을 대체하여 앉힙니다. 이것은 작용을 전제로 한 무념과 돈오의 핵심입니다. 그러나 생각을 일으켜 분별하는 활발한 작용은 움직이지 않는 부동심 (不動心)을 항상 수반하고 있습니다.

작용과 부동심의 조화는 《유마경》에서 "밖으로 모든 법의 차별상을 잘 분별하지만 안으로 근본적인 이치에서는 움직이지 않는다"라고 한 구절을 경전적 근거로 삼습니다. 분별의 상념이 지금 일어나고 있어도 항상 부동심과 어울려 있는 것입니다.

생성과 소멸이 일어나는 동적인 세계를 떠나서 부동의 고요함만 추구하는 외도의 견해를 비판하는 방식도 동일합니다. 부동과 작용이 조화되지 못하고 부동으로 기울어진 마음에 대한 경계입니다. 흔들리지 않는 부동심이 맑고 깨끗한 마음이라면 대상 속에서 동적으로 움직이는 것은 오염되지 않는 마음입니다.

이렇게 부동심에서 나오는 활발한 생각이 무념입니다. 무념은 동적인 요소와 부동을 한 덩어리로 삼습니다. 그러나 《육조단경》은 궁극적으로 동적인 세계에서 마음이 자유자재로 운용되는 경지에 역점을 둡니다. 동적인 세계에서 보고 듣고 느끼고 아는 작용이 없다면 부동은 하나의 병폐에 불과합니다.

만약 부동을 수행의 목표로 삼는다면, 목석의 부동과 같게 될 것이다. 참된 부동은 움직임 속에서 있는 부동이다. 부동이 움직임이 전혀 없는 부동에 그친다면, 목석과 같으니 부처가 될 종자가 없다. 차별상을 잘 분별하며 움직여도 근본적인 도리에서는 조금도 움직이지 않는다. 만약 이를 깨닫는다면 이것이 바로 진여의 작용이 될 것이다.

　무념은 분별하는 마음이 그친 상태가 아닙니다. 여러 가지 차별상을 진실 그대로 가려낼 줄 아는 활용에 무념의 본질이 들어 있습니다. 부동의 고요에서 나오는 분별이 있어야 비로소 부동도 자신의 존재 가치를 지니게 됩니다.

　이것은 정혜일체의 이치와 다르지 않습니다. 신회는 감각기관에 의지하는 분별과 그 분별 속에서도 움직이지 않는 부동을 정과 혜의 의미로 설명합니다.

　눈이 색을 보면서 모든 색을 잘 분별하지만 분별을 따라 마음이 일어나지 않는다면, 색 가운데 자유롭게 되고 색 속에서 해탈을 얻는다. 이것이 색에서 완성하는 삼매이다. 이와 같이 눈을 비롯한 모든 감각기관으로 잘 분별하는 작용은 본래의 혜(慧)이고, 그 분별을 따라 마음이 일어나지 않는 부동은 본래의 정(定)이다.

눈은 색, 귀는 소리 등으로 각 감각기관에 호응하는 대상이 있습니다. 눈을 감거나 귀를 닫고 대상과 접촉을 차단함으로써 유지되는 한적한 상태로는 자유로운지 검증할 수 없습니다. 완전한 자유로서의 해탈은 색과 소리 속에 있으면서 마음이 그것에 동요되지 않아야 성취할 수 있습니다. 그 동요하지 않는 경계가 삼매입니다. 이 관계 전체의 두 가지 중심 요소를 각각 정과 혜로 설명하고 있습니다. 신회의 이러한 생각은《육조단경》의 다음 말과 다르지 않습니다.

항상 모든 감각기관에 응하여 작용하지만 작용한다는 생각을 일으키지 않고, 모든 법을 분별하지만 분별한다는 생각을 일으키지 않는다.

작용과 분별은 혜와 일치하고, 생각을 일으키지 않는 것은 정과 상응합니다. 이 두 가지 요소가 조화롭게 통일되면 모든 법과 자유로운 관계가 이루어집니다. 신회는 "무념을 깨달은 자는 모든 감각기관이 대상에 물들지 않고, 무념을 깨달은 자는 불지견(佛知見)을 얻는다"라고 말합니다.

2. 무상(無相)이란 무엇인가?

| 무상의 반야 |

무상은 앞의 무념과 같은 구조입니다. 다만 무념을 근본으로 설정하므로 무상에 관한 직접적인 언급은 상대적으로 적습니다. 무상 또한 무념과 마찬가지로 철저하게 반야사상을 기조로 합니다. 무상의 상(相)이란 무엇일까요?

상은 마음 안팎에 모두 적용되는 말입니다. 경전에서는 마음으로 만들어 놓은 온갖 관념들을 허깨비 성(化城)이라 합니다. 견고한 성으로 눈에 보이기는 하지만 사실은 신기루와 같은 허상이라는 말입니다. 이 허상을 실재로 존재한다고 여기는 생각이 망념입니다. 그 허상을 넓게 말하면 상(相)입니다. 상이란 생각과 관념을 뜻하는 상(想)과 동일한 뜻입니다.

다시 말해서 우리들의 생각인 상(想)이 마음 밖의 대상으로 실재한다고 착각하는 그것이 상(相)입니다. 따라서 그 생각으로서의 상(想)과 밖에 존재한다고 여기는 착각으로서의 상(相)은 동일합니다.

《육조단경》에서 무상은 "상(相) 속에 있으면서 상을 떠나는 것〔於相而離相〕"이라고 정의합니다. 이것은 무념을 정의하는 형식과 동일합니다. '상 속에 있다'는 말은 마음 안팎의 갖가지 차별상을 굳이 벗어나지 않는다는 뜻입니다. '상을 떠난다'는 말은 차별상을 공(空)으로 안다는 뜻입니다. 차별상에 들어가 있으면서 그 차별상 그대로 공이라고 깨닫는 것입니다. 무상이 차별상을 떠나는 것에 국한된다면 활발한 혜의 작용은 일어나지 않습니다. 지혜가 자신을 드러낼 대상을 잃어버리기 때문입니다. '상 속에 있다'는 말은 혜의 작용이 전개되는 장을 요구하는 것입니다.

《육조단경》이 독자적으로 설정한 가르침이 최상승이라는 점은 앞서 밝혔습니다. 이 최상승에도 무상의 사고방식이 엿보입니다.

모든 법에 다 통하고 모든 법을 갖추었지만, 어디에도

오염되지 않고 갖가지 차별상을 얻는 결과가 하나도 없는 경지를 최상승이라 한다.

모든 법에 다 통하는 상태는 이전에 '상 속에 있다'는 말과 같고, '상을 벗어난다'는 말은 '어디에도 오염되지 않는다'는 말과 동일합니다. 크거나 작고, 여리거나 강한 차별상에 집착하면 오염이라 합니다. 대립하는 두 가지 차별상과 마주치지만 어느 편에도 집착하지 않으면 얻는 결과가 없습니다.

소득이 없기 때문에 무소득 또는 무소유라 합니다. 소유해서는 안 된다는 윤리적 규범이 아니라 모든 것은 소유할 수 없는 본질을 가지고 있기 때문에 근본적으로 무소유 또는 무소득입니다. 이렇게 소유할 수 없는 본질이 바로 공입니다. 결국 무소득과 무소유는 반야의 공이 눈앞에 실현된 결과를 나타냅니다.

무상의 '무'는 이와 같이 대립과 차별 속에 있으면서도 어느 쪽에도 얽매이지 않는 무소유의 실천을 가리킵니다. 무상도 혜의 작용을 지향하는 《육조단경》의 반야사상과 무관하지 않습니다. 무상은 《육조단경》의 선법 전반에 적용

될 수 있는 개념입니다. '무'는 어떤 장애도 '없이' 모든 것을 받아들이는 폭넓은 활용력을 가리키는 말입니다.

마음의 크기는 광대하여 세상 전체에 미치지 않는 곳이 없다. 써먹으면 뚜렷하고 분명하며, 이를 만물에 적절히 응용하면 모든 것을 알게 된다. 모든 것 그대로 하나이고, 하나 그대로 모든 것이다. 이처럼 오고감이 자유로워 마음의 본체에 막힘이 없는 이 경계가 반야이다. 모든 반야의 지혜는 어느 것이나 자성으로부터 생기는 것이며 밖에서 들어오는 것이 아니다.

여기서 제시되는 반야의 이치는 자성이 모든 것에 장애 없이 오가는 경계를 나타냅니다. 작은 부분이 전체를 자기 안으로 끌어들여 포용합니다. 거꾸로 전체는 작은 부분 하나하나를 그 안에 머금고 있습니다.

이와 같은 방식으로 작은 것과 큰 것이 서로 상대편으로 장애 없이 오고 갑니다. 포용하는 주체가 되기도 하고, 포용되는 객체가 되기도 합니다. 주체와 객체로 오고 가지만 어떤 장애도 없습니다. 작은 것은 작은 것 그대로, 큰 것은 큰 것 그대로 각각의 정체를 바꾸지 않고 이 관계를 형성합니다. '모든 것 그대로 하나이고, 하나 그대로 모든 것이다'라는 말이 바로 이 뜻입니다.

이상과 같은 반야의 논리를 끌어들인 근본적인 의중은 무엇일까요? 혜의 작용이라는 경계를 설명하기 위한 것입니다. 이 반야사상에 비추어 보면 '상 속에 있다'는 말은 자성이 그때마다의 대상을 받아들여 자유롭게 활용하는 측면을 나타냅니다. '상을 떠난다'는 말은 작은 것과 큰 것이 어떤 차별도 없는 자성의 본체를 말하는 것입니다. 이 본체가 일정한 대상을 만날 때마다 밖으로 자신을 갖가지로 드러내어 보이는 것입니다.

이 무상의 본체는 법신(法身)이고 작용은 응신 또는 화신에 해당합니다. 자성 밖에서 펼쳐지지만 자성을 떠날 수 없는 것입니다. 자성 밖에 있다고 착각하는 모든 차별상을 벗어난 그곳에 무상의 본체가 있습니다. 따라서 6조는 "상을 떠나면 법의 본체는 청정하다. 이 때문에 무상을 본체로 삼는다"라고 말합니다.

《육조단경》에는 무상을 노래한 〈무상송〉이 있습니다. 그 마지막 부분에서 "이 송은 돈교이고, 또한 큰 법을 실어

나르는 배라고도 한다. 미혹된 상태로 수 겁의 세월 동안 경전을 듣다가도, 깨닫는 것은 한 찰나 사이에 불과하다"라고 합니다.

무상도 예외 없이 돈오와 긴밀하게 연결됩니다. 차별된 현상 속에 들어가서 펼치는 돈오의 근본정신과 이 선법은 다르지 않습니다.

| 무상의 영향 |

무상은 무념과 함께 돈오견성의 종지를 구현하는 동반자입니다. 《육조단경》에서는 무상에 대하여 간명하게 드러내고 별도로 많이 언급하지 않습니다. 무념은 자성 안의 생각을 중심으로 삼아 안팎의 진실에 다가섭니다.

반면에 무상은 자성 밖의 상이 어떻게 자성 안의 생각에 따라 드러나는지 밝히고 있습니다. 그러나 이들은 자성 안팎을 모두 아우르는 선법이라는 점에서 동일합니다. 《육조단경》의 영향으로 무상의 반야와 일치하는 선법이 대단히 많이 출현하게 되었습니다.

신회가 변함없는〔常〕 도리를 정의하는 방식은 《육조단경》의 무념·무상과 호응합니다.

무(無)에 있으면서도 무에 집착하지 않고, 유(有)에 있으면서도 유에 집착하지 않는다.

유와 무를 모두 버리지 않지만 어디에도 집착하지 않습니다. 유와 무라는 상에 대한 모든 견해가 해소되어 유도 아니고 무도 아닌 중도에 도달한 것입니다. 이 중도가 비록 귀중하지만 이것도 안주할 터는 아닙니다. "금가루가 귀하더라도 눈동자에 붙으면 눈을 가리는 장애물에 불과하다"라고 한 말과 같습니다.

유와 무는 동일한 무상의 본체에서 갈라진 허상입니다. 마치 한 덩어리의 허공을 방편상 동서남북으로 갈라놓고 각각에 붙여 놓은 이름과 같습니다. 동서남북이라는 차별된 상은 하나의 무차별한 허공이기 때문에 근본적으로 무상입니다. 마음 밖의 대상 뿐만 아니라 마음 자체가 무상입니다.

모든 중생의 마음은 본디 무상이다. 상은 모두 망상에 물든 마음이다. 무엇이 망상인가? 조작한 생각으로 마음에 머물며 텅 비었다느니 청정하다느니 하고 집착하는 것이다. 마음을 애써 일으켜 보리와 열반에 대한 깨달음을 구하려는 시도에 이르기까지 모두 허망한 것이다.

본질적으로 유와 무를 비롯하여 선과 악 등 어떤 상도 없습니다. 따라서 선을 취하고 악을 버릴 수 있는 가능성은 애초에 없습니다. 마음이 비었다거나 청정하다는 관념도 모두 생각의 다발〔想〕이며 허상〔相〕입니다. 허상들은 망상이 조작한 결과입니다. 왜 망상이겠습니까? 본래 무상인 상황에서 상을 억지로 빚어내기 때문입니다.

무상은 상호 배타적인 양단이 모두 허상이며 생각의 조작에 불과하다는 이치입니다. 6조는 말합니다.

법에는 두 가지 차별이 없다. 마음도 마찬가지이다. 도(道)는 청정하고 또한 갖가지 차별된 상이 없다. 그대들은 마음의 고요를 관찰하거나 마음을 비우려 하지도 마라. 이 마음은 본디 청정하여 취하지도 못하고 버리지도 못한다.

이것이 무상에 뿌리를 둔 올바른 실천 방향입니다. 마음의 본질이 고요하다거나 청정하다거나 정해 놓는 생각이 상입니다. 그러한 상은 본디 물들어 있지 않은 우리를 허상에 오염시키고 일정한 생각에 가두어 놓습니다.

그렇다고 하여 무상을 진공상태와 같다고 여기면 안 됩니다. 무상은 무수한 상을 전제로 합니다. 오히려 헤아릴 수 없이 많은 상이 있는 한에서 무상의 진실이 전개됩니다. 다만 그들 상에 현혹되지 않는 무상의 실천이 관건입니다. 일차적으로 그것은 상을 만들어 내지 않는 것입니다. 신회는 말합니다.

중생은 본래 무상이다. 상이라는 말은 모두 망령된 마음일 뿐, 마음이 상에 얽매이지 않는다면 그것이 바로 불심(佛心)이다.

상을 조작하려는 시도 그 자체가 망령된 마음입니다. 그것은 마음을 일정하게 먹고 상을 만들어 내고 남들이 만들어 놓은 상이 현실 그대로인 듯이 취하기도 하고 버리기도 합니다. 그렇다면 어떤 생각이나 행위도 부가하면 안 된다는 말일까요? 그렇지 않습니다. 오히려 무상으로부터 무수한 작용이 출현합니다.

6조의 이름에 가탁하여 지어진 《금강경해의(金剛經解義)》라는 저술이 있습니다. 저자 미상의 이 책에도 《육조단경》의 주요 사상과 일치하는 부분이 있기는 하지만 6조의 친설이라는 증거는 없습니다. 하지만 《육조단경》을 의식하고 의도적으로 동일한 사고 틀에 입각하여 저술했을 가능성은 배제하지 못합니다. 여기에도 무념·무상·무주의 선법에 따라서 《금강경》을 해석하는 부분이 보입니다.

이 책에서 무도 아니고 유도 아닌 무상의 작용을 언급합니다. 이것은 공의 이치에 근거하며 무상의 실행을 참된 지혜라 합니다.

법의 본체는 텅 비고 고요하여 얻을 상이 없다. 그러나 그 가운데 모래알과 같이 많은 덕이 있다. 알차다고 말하자니 얻을 만한 상이 없고, 비었다고 말하자니 아무리 사용하여도 끊임이 없다. 그러므로 무라 할 수도 없고, 유라 할 수도 없다. 유이면서 유가 아니고, 무이면서 무가 아니다. 말과 비유로 미치지 못하니 참된 지혜가 아니겠는가?

유와 무 어느 것으로도 규정되지 않는 무상에서 무수한 작용이 일어납니다. 무상의 실상은 유 · 무 등의 두 가지 상에 막히거나 걸리지 않습니다. 지공(誌公)선사는 "안팎에서 찾아도 전혀 없지만, 경계에 펼쳐지는 작용은 대단히 많다"라고 하였습니다. 이 또한 찾아도 얻을 수 없는 무상에서 전개되는 작용에 대한 소식을 전한 것입니다.

《금강경해의》에 따르면 어떤 수행도 상의 잔재가 남아 있으면 청정하지 못합니다.

청정한 수행을 하더라도 더러움과 청정함을 나누어 서로 다른 상으로 본다면 모두 더러운 마음이며 청정한 마음이 아니다. 마음에 조금이라도 상을 얻었다면 실상이 아니다.

양단에서 모두 벗어난 무상이 실상입니다. 청정한 경지에 오르는 소망을 품고서 더러운 요소를 제거하겠다고 마음먹는다면 벌써 상을 얻은 것입니다. 선이 악을 제압하고 이긴다는 방식의 승부에 중독된 마음은 말할 것도 없습니다. 무소득의 실천은 실상에 대한 이러한 관찰에서 비롯합니다.

깨달음과 수행 등 그 어느 편에서도 얻고자 하는 마음을 지니면 무상은 실현되지 않습니다. 얻으려는 자아와 얻어지는 대상이 둘로 나뉘어 무상의 실상에 합치할 수 없는 것입니다. 언어와 문자 그리고 분별 등의 수단으로 있음과 없음이나 더러움과 청정함 등의 상을 결정하여 판단하면 안 됩니다. 본질적으로 얻을 수 없는 무상을 얻을 수 있다고 착각하게 만들기 때문입니다.

고려의 보조국사(普照國師) 지눌(知訥)은 유와 무의 중도로써 무상을 설명합니다.

망상에 얽매인 마음은 유에 있으면 유에 집착하고 무에 있으면 무에 집착한다. 이와 같이 항상 양변에 치우쳐 있어 중도를 알지 못한다.

그렇다면 진심은 그 반대편에서 쉽게 도출됩니다. 지눌은 "진심은 유와 무 어느 편에 있더라도 어디에도 떨어지지 않고 항상 중도에 처한다"라고 말합니다.

그럼에도 불구하고 무상의 본질에 비추어 보면 중도 역

시 상에 불과합니다. 유와 무에 대한 부정 일변도의 판단을 벗어나 유와 무를 쪼개어 나눌 줄도 알아야 살아 있는 중도가 됩니다.

두 가지 상을 모두 벗어나는 것은 본체, 두 가지 상을 활용하는 것은 작용에 해당합니다. 무상에 본체와 작용이 모두 들어 있는 것입니다. 종밀(宗密)은 이러한 무상의 뜻을 대단히 적절하게 드러냅니다.

진실한 본성은 무상이요 억지로 하는 것이 없으니 그 본체는 어떤 것에도 한정되지 않는다. 범부도 아니고 성인도 아니며, 원인도 아니고 결과도 아니며, 선도 아니고 악도 아닌 것이다. 그러나 이 본체에서 나오는 작용은 갖가지를 조작할 수 있다. 범부가 될 수도 있고 성인이 될 수도 있으며, 색이 되기도 하고 상이 되기도 한다.

무상은 모든 상의 한정을 벗어나지만 동시에 그 모든 상을 드러내기도 합니다. 이것이 무상에 들어 있는 무한한 혜의 작용입니다.

《육조단경》의 무상에는 두 가지 의미가 함축되어 있습니다. 그것은 혜의 작용과 두 가지 상이 없는 반야를 말합니다. 앞서 보았듯이 두 가지 대립에서 벗어나야 그 상들을 고스란히 작용으로 다시 부활시킬 수 있습니다. 그런 다음 이 작용 안의 모든 차별상은 하나의 상으로 통일됩니다. 대립을 기초로 한 두 가지 견해가 사라져 하나의 상〔一相〕으로 실현된 이 경지가 무상입니다. 이것을《육조단경》에서는 일상삼매(一相三昧)라고 합니다.

만일 모든 곳에 있지만 어떤 상에도 머물지 않고, 그 상에 대하여 미워하거나 좋아하는 마음을 일으키지도 않으며, 취하거나 버리려는 마음도 없고, 이익이나 성패(成敗) 등의 일을 생각하지 않는다면, 편안하고 고요하며 텅 비고 담박할 것이다. 이 심경을 가리켜 일상삼매라 한다.

미워하고 좋아하는 마음, 취하고 버리려는 의지 따위가 대립에 속박된 견해입니다. 이러한 견해와 생각〔想〕에 따라서 상(相)이 생기는 관계는 이전에 밝힌 그대로입니다. 대립의 견해에 속박되지 않고 마음을 쓴다면 무상이 바르게 실행될 것입니다. 대립의 갈등이 사라지면 하나의 평등한 상이 실현되는데 그것이 일상삼매입니다.

이 하나의 상〔一相〕이란 심성으로 보면 모든 애증의 잔재가 남아 있지 않은 상태입니다. 따라서 차별상의 관념에 지배되지 않습니다. 다른 한편 객관의 대상들로 보면 있음과 없음 등 두 가지 상이 없는 실상으로 드러납니다.

그 법에는 두 가지 상이 없으며, 마음 또한 그와 같다.
그 도는 청정하고 갖가지 차별된 상이 없다.

법과 마음과 도라고 달리 말했지만 모두 하나의 진실〔一相〕을 표현하는 말입니다. 헤아릴 수 없는 차별상을 보고도 대립의 관념에 얽매이지 않으면 일상삼매에 들어갈 수 있습니다. 두 가지 상에 대한 집착이 없는 그 마음에서 무수한 혜의 작용이 일어나게 됩니다.

이렇게 반야의 논리에 입각한 《육조단경》의 무상이 《종경록(宗鏡錄)》에 반영되어 있습니다. 그것은 돈오견성의 취지와 맞닿아 있기도 합니다.

한 찰나에 견성한다는 것은 무슨 뜻일까? 견성이란 범

부와 성인의 본체이다. 그것은 모든 것에 두루 퍼져 있지만 어떤 것에도 기울어져 움직이지 않는다. 오염 속에서도 오염에 구속되지 않으면서 오염을 잘 알고, 청정 속에서도 청정에 지배되지 않으면서 청정을 잘 구별한다. 그 본성은 어떤 법에도 있지 않지만 모든 법에 없는 곳이 없다.

한 찰나에 깨닫는 돈오견성을 모든 사람의 본체라 했습니다. 그것은 모든 것에 들어가 있지만 그 어느 것에도 구속되지 않습니다. 이는 '상 속에 있으면서 상에 집착하지 않는다'는 무상의 기초적인 뜻과 동일합니다. 어느 것도 벗어나지 않고 어디에도 지배되지 않지만 그 실상을 잘 알아차립니다. 청정과 오염이라는 상은 모두 공입니다. 이렇게 반야의 공에 입각한 무상으로부터 청정에도 오염에도 자유롭게 오가는 작용이 나오는 것입니다.

이상과 같은 《육조단경》에 제시된 무상의 이치는 후대 선법에 고스란히 영향을 미치고 있습니다.

3. 무주(無住)란 무엇인가?

| 무주의 세 가지 뜻 |

반야의 실천은 무주에서 극치를 이룹니다. 반야경전에서 무주란 양극단 중 어느 것도 얻을 수 없다는 인식에서 출발합니다. 이 인식이 형성되면 어떤 것도 자신의 것으로 취하려는 집착이 사라지고 어디에도 머물지 않게 됩니다. 이들은 내용적으로 전혀 다르지 않으며 공의 실천적 측면을 나타냅니다.

《육조단경》의 무주는 먼저 누구에게나 있는 본질적 속성으로 규정됩니다. "무주란 사람의 본성이다"라는 말이 그 뜻입니다. 그렇다면 구체적으로 그 본성은 어떻게 묘사될까요?

찰나마다 머무르지 않는다. 앞 찰나와 현재의 찰나와 다음 찰나가 찰나마다 연속으로 이어져 단절되지 않는다.

어느 순간에도 머물지 않지만 과거와 현재 그리고 미래

가 단절되지 않고 이어지는 특징이 그 본성으로 요약됩니다. 이러한 본성은 법신과 색신이 다르지 않다는 이치에 근거합니다. 색신과 단절되어 다른 영역에 속한다면 법신은 자유롭지 못합니다. 법신은 색신을 벗어나지 않고 그 속에서 자신을 펼쳐 보입니다.

그렇다면 '머무르지 않는다'는 말은 무슨 뜻일까요? 그것은 법신이 색신을 통하여 자신을 전개하면서도 온갖 차별 현상에 머물지 않는다는 뜻입니다. 이 이치는 이전의 삼신(三身)을 언급한 부분에서 이미 살펴보았습니다.

만약 한 찰나에 단절되면 법신은 색신을 떠나게 됩니다. 찰나마다 어떤 생각이 일어나도 그 어디에도 머무르지 않을 뿐입니다.

한 찰나라도 머무르게 되면 모든 찰나에 머물게 된다. 그것을 속박이라 한다. 모든 법에서 어떤 찰나에도 머무르지 않으면 속박이 없으니, 무주로 근본을 삼는 것이다.

법신이 찰나마다 이어지는 색신과 하나로 어울리지 않으면 자신을 드러낼 방도가 없습니다. 머물면 머무는 그 대상에 속박되는 법입니다.

이상에서 보이는 무주에는 세 가지 뜻이 나타납니다.

첫 번째, 사람의 본성이 무주라는 말은 자성의 본질을 나타냅니다. 이것은 신회가 밝힌 무주의 뜻과 같습니다. 신회는 무주가 마음의 고요한 본체이며, 이 본체 가운데 작용으로서 앎〔知〕이 있다고 합니다. 또한 "그 어디에도 머물지 말고 마음을 일으킨다"는 《금강경》의 구절로 무주를 증명하고 있습니다. 이 구절이 6조의 초발심이라는 것은 이전에 밝힌 그대로입니다.

어디에도 머물지 않는 무주의 마음은 앎이라는 작용을 떠나지 않으며, 앎은 무주를 떠나지 않는다. 마음이 어디에도 머물지 않는다고 알 뿐 그 이상 다른 앎은 없다.

신회는 이와 같이 무주와 앎을 마음의 두 가지 요소로 보았습니다. 《육조단경》의 무주도 이러한 마음의 본질을 가리킵니다.

두 번째, 무주는 찰나마다 끊임없이 이어집니다. 모든 찰나에 대상이 이어지지만 그 어떤 것도 끊어 없애지 않습니다. 굳이 대상과 단절하지 않지만 머물지 않는 방식으로 받아들인다는 뜻입니다. 무념의 정의에서 '생각 속에 있으면서 생각에 얽매이지 않는 것'과 같은 논리입니다. 이는 어떤 생각도 하지 않는 것을 무념으로 여기는 착각에 대한 비판과도 통합니다.

세 번째, 이어지는 대상에 속박되지 않습니다. 머물지 않기 때문에 속박되지 않는 것은 당연한 결과입니다. 무주는 찰나마다 머물지 않고 어떤 소득도 기대하지 않는 실천에서 성취되는 속박 없는 깨달음입니다.

앞 찰나와 현재의 찰나와 다음 찰나에 모두 얻을 것이 없습니다. 《금강경》에서 "과거의 마음도 얻을 수 없고, 현재의 마음도 얻을 수 없으며, 미래의 마음도 얻을 수 없다"라고 한 말이 근거가 됩니다. 《금강경해의》에서는 이 구절을 다음과 같이 해설합니다.

'과거의 마음도 얻을 수 없다'는 말은 앞 찰나의 망상이 잠깐 사이에 지나가 버리면 뒤쫓아도 있는 곳이 없다는 뜻이다. '현재의 마음도 얻을 수 없다'는 말은 진심은 상이 없어서 볼 수 있는 근거가 없다는 뜻이다. '미래의 마음도 얻을 수 없다'는 말은 본래 얻을 것이 없고 번뇌의 기운도 사라져 더 이상 발생하지 않는다는 뜻이다. 이 세 가지 마음을 모두 얻을 수 없는 경지를 부처라 한다.

과거에 일어났던 마음, 현재에 당면하고 있는 마음, 미래에 장차 일어날 마음, 이 세 가지 마음은 찰나마다 흐르며 이어지지만 잡을 만한 실체가 없습니다. 그렇다면 어떻게 이들 마음에 대처해야 할까요?

우리의 본성이 무주라 했던 말을 염두에 두고 출발해 봅니다. 얻을 수 있는 대상이 본래 없기 때문에 머물 수 있는 곳도 찾을 수 없습니다. 어떤 마음이 일어났다고 해도 머물지 못하고 얻을 수도 없습니다. 사라졌다고 해도 마찬가지입니다. 그래서 모든 법은 가지도 않고 오지도 않는다고 합니다. 일어났다거나 사라졌다는 것은 실재하는 현상이 아닙니다. 그것은 잡거나 머물기 불가능한 대상에 대하여 그렇게 하려고 시도하는 망상이 빚어낸 상(相)에 불과합니다. 그것이 허상이라고 알아차리는 순간 어디에도 머물지 않게 됩니다.

신회는 "만약 망상이 일어나면 일어났다고 알아차리고,

소멸하면 소멸했다고 알아차려라. 이것이 바로 본성의 머물지 않는 마음이다"라고 하였습니다. 일어나는 상이 무엇이 되었건 있는 그대로 알아차리기만 하면 됩니다. 이는 조작하려는 마음이 없이 마음의 상을 공으로 관조하는 방식을 가리킵니다. 공으로 관조하는 이상 머물거나 얻을 대상은 더 이상 존재하지 않습니다.

| 무주의 반야 |

반야의 영역에서는 이것인가 싶지만 저것이고 저것인가 싶지만 다시 이것이 됩니다. 양단을 모두 버리려고 하면 아무 것도 없는 고요의 구렁텅이에 떨어집니다.

혜능이 대유령에서 "선이라고도 생각하지 말고, 악이라고도 생각하지 마라"고 제시한 화두에 적용해 보아도 들어맞습니다. 이 구절을 좁혀서 보면 무주와 일치합니다. 이 말에도 선과 악을 초월한 이상적 대상은 설정하지 않습니다. 다만 선과 악에 머물지 않은 채 두 가지는 그대로 보존됩니다. 무주는 이것저것 모두 제거하는 방식의 부정은 아니기 때문입니다.

속박이 없는 자유는 일정한 상황 안에서 실현되는 이상

적 상태입니다. 《육조단경》에서는 무주의 선법에서 그것을 실현하고자 합니다.

마음이 어떤 존재에도 머물지 않으면 도는 막힘없이 통하지만, 마음이 어떤 존재일지라도 머물게 되면 스스로 속박되는 것이라 한다.

모든 장소와 모든 대상 그리고 마음에서 일어나는 갖가지 상념의 파편에 대하여 머물지 않아야 속박에서 벗어납니다. 그렇다고 하여 무주의 이상향이 별도로 있지도 않습니다. 그것은 무주의 본래 뜻에 어긋납니다. 무주는 현재이 자리에서 조금도 벗어나지 않고 실현해야 할 이치인 것입니다.

어디에 머물지 않는다는 말은 무슨 뜻일까요? 우리가 일상적으로 안팎에서 마주치는 모든 대상에 머물지 않는 것입니다. 선과 악, 있음과 없음, 안과 밖 등에 머물지 않는 경계가 무주입니다. 그것들 하나하나가 본질적으로 머물 수 없는 공이기 때문입니다. 무주의 본질상 공은 물론무주 자체도 최후로 의지할 그 무엇은 아닙니다.

낱낱의 대상에 의지하면 안 되는 것과 꼭 마찬가지로 공이나 무주나 의지할 대상이 아닙니다. 그래서 《돈오요문》에서 "공(空)에도 불공(不空)에도 머물지 않는 그것이 바로 모든 것에 머물지 않는다는 뜻이다"라고 한 것입니다.

이렇게 무주 자체의 자기 부정은 《반야경》에서 제시하는 대의에서 조금도 벗어나지 않습니다. 우리의 자성은 어떤 속성으로도 규정될 수 없습니다. 있다고도 할 수 없고 없다고도 할 수 없지만, 그 두 가지 상(相)을 넘어서 달리 감추어져 있는 존재도 없습니다. 따라서 어떤 상도 소유의 관점에서 바라지 않는 무소득과 무소유의 실천이 자연스럽게 따르게 됩니다. 이것이 어떤 소득도 없는 공의 지반에서 그 이치를 남김없이 실현하는 원동력입니다.

후대의 조사선에서 "관세음보살이 돈을 주고 호떡을 샀는데 손에서 놓고 보니 원래 만두였다"라는 말이 있습니다. 무주의 관점으로 보면 호떡도 만두도 손에 쥘 수 없습니다. 찰나마다 이어지는 무주와 같습니다. 선사들이 제시한 말은 선이라고 하여도 악이 되고 악이라고 하여도 어느 순간 선이 되어 버립니다. 주어진 말을 표면적 개념 그대로 받아들이면 그것에 속박되는 까닭이 그것입니다. 호떡이 만두가 되고 선이 악으로 변화하기에 어디에도 머물 수 없습니다.

이와 마찬가지로 《육조단경》에서는 자기 본성의 진실한 공은 잡아둘 수 있는 대상이 아니라고 합니다. 이에 따르면, 자성은 모든 것을 포용하는 광대한 본질을 지니지만 포용하고 있는 어떤 것에도 한정되거나 구속되지 않는다고 합니다. 그것은 상하와 장단, 옳음과 그름, 성냄과 기쁨, 선과 악, 머리와 꼬리 등에 상응하는 존재를 포괄합니다. 마치 허공이 만물을 머금고 있지만 어떤 것도 소유하지 않는 것과 같습니다.

모든 곳에 머물지 않음과 동시에 어느 때나 모든 생활 반경에서 자성은 갖가지로 스스로 펼칩니다. 하지만 자성 안의 모든 것들은 공이기 때문에 소유의 대상이 될 수도 없고, 자성 자체도 머무름의 터가 될 수 없습니다. 머물지 않는 바로 그 이유 때문에 어디에나 두루 머물 수 있습니다. 이것이 어디에도 막히지 않는 무주의 폭넓고 자유로운 작용입니다. 6조의 다음 말에서 그 뜻을 확인할 수 있습니다.

안에도 밖에도 머물지 않고 어디로나 자유롭게 오가며, 집착하려는 마음을 제거하고 어디에도 걸림이 없이 통한다. 마음에서 이 수행을 닦으면 《반야경》의 취지와 차이가 없을 것이다.

반야의 구체적인 실천은 이와 같이 안과 밖으로 출입하며 오가지만 그 어디에도 머물지 않고 통하는 경지에 도달하는 것입니다. 무주의 활발한 작용이 지향하는 목표를 분명히 보여주고 있습니다. 이와 같이 자성은 어디에도 머물지 않으면서 그 모든 법을 머금고 있기 때문에 '크다'고 합니다. 6조는 말합니다.

자성은 악이나 선을 보더라도 그 악한 존재와 선한 존재를 모두 버리지도 않고 그것에 물들거나 집착하지도 않는다. 그 본성이 허공과 같아서 크다고 한다. 이것이 대승의 행위이다. 어리석은 사람은 입으로 읊조리지만 지혜로운 사람은 마음으로부터 실천한다. 또한 어리석은 사람은 마음을 비우고 아무 생각 없는 상태를 크다고 말하지만 이 또한 옳지 않다.

허공이 만물을 감싸안고 있듯이 선악 등의 모든 현상은

자성에 의존합니다. 자성이 포괄하는 존재에 대하여 부정적 태도로 일관하지 않습니다. 이것이 '버리지 않는다'는 뜻입니다. 동시에 무조건 받아들이는 긍정적 태도를 취하지도 않습니다. 이것이 '물들거나 집착하지 않는다'는 뜻입니다.

이와 같이 부정에도 긍정에도 기울어지지 않고 모든 법을 대하는 방식이 중도입니다. 대립의 어느 편에서도 자유로운 이 중도의 실천에서 견성은 실현되는 것입니다. 자성을 허공에 비유한 뜻은 대립적 관념들이 모두 공이라는 이치를 드러내기 위한 것입니다. 허공과 같기 때문에 선과 악 등 대립적으로 설정된 모든 한계에서 벗어납니다. 허공과 같이 마음은 모든 곳에 응용되는 반야의 지혜에서 완성됩니다. 이상의 맥락을 《육조단경》에서는 다음과 같이 간명하게 요약합니다.

반야란 무엇인가? 모든 장소와 모든 시간에 찰나마다 생각이 어리석지 않고 항상 지혜를 행하는 것이 바로 반야이다.

《육조단경》의 반야사상은 광대한 자성이라는 구조 속에서 이해되어야 합니다. 좌선의 고요한 경계에 몰두하는 수행이 아니라 반야를 시공간에서 자유롭게 전개하는 지혜가 그 사상의 핵심입니다. 이러한 경향은 지혜의 발현을 중심으로 변화하는 선법의 흐름을 반영하는 것입니다.

《육조단경》의 반야사상은 반야의 지혜를 자성의 본질에 한정시키지 않고 갖가지 대상에 활용한다는 뜻으로 확산됩니다. 이 활용의 뜻을 가진 반야사상은 좌선 중심의 선법에 대한 비판을 배경으로 합니다. 무념·무상·무주의 선법에서 이것은 입증되고 있습니다. 이들은 모두 둘이 아닌 반야의 공을 근거로 하는 실천이 목적입니다. 그것이 구체적으로 드러나는 양상은 자기 마음에 머무는 좌선법이 아니라 다양한 경계 속에서 반야의 지혜를 걸림없이 발휘하는 작용으로 발전한 것입니다.

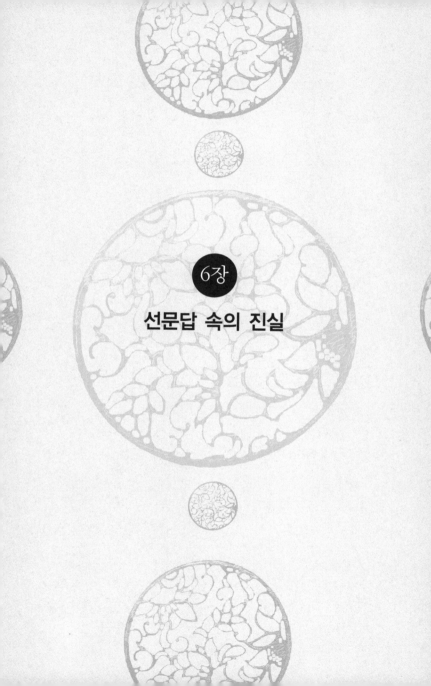

6장

선문답 속의 진실

《육조단경》에는 6조가 제자들이나 법을 물으러 찾아온 학인들과 나눈 문답이 수록되어 있습니다. 그 중 몇 가지를 가려내어 소개하고 간단하게 맥락을 짚어내어 보겠습니다. 독자들은 이전에 어느 정도 맛을 본 상태이지만, 여기서 다시 선문답 읽는 요령을 터득하시기 바랍니다.

　이 문답들에 대하여 형식적인 말의 논리를 고집하며 이해하려 들지 마시기 바랍니다. 선문답은 그것에 알맞은 법도가 따로 있기 때문입니다. 여기에 익숙하도록 조금만 노력하면 어려울 일도 없습니다. 부디 독자 여러분께서 삼단논법식의 틀을 잠시 버리고 단순하고 명쾌한 문답의 진실에 도달해 보시기 바랍니다.

　평소에 선문답이 어렵다고 접어버리셨습니까? 아니면,

무의미한 말장난이라고 분개하며 짓밟으셨습니까? 그런 사람들은 해답을 너무나 쉽게 찾아내는 환경에 흠뻑 물들어 있다고 스스로 고백하는 꼴입니다. 더 나아가 아마도 남들이 만들어 놓은 관념에 봉사하는 처지에 놓여 있을지도 모릅니다. 여기에는 대입 참고서의 문제와 그 뒷장에 수록된 정답과 같은 종류의 문답은 없습니다. 그런 방식으로 발견되는 해답이 선문답의 진실은 아니지만 해결할 길이 전혀 없는 것도 아닙니다.

명확한 해답을 주는 권위 있는 사람이나 성전(聖典)이 있으리라고 여기는 바로 그 생각이 장애의 원흉일 뿐입니다. 선문답에서 제시된 문제는 갖가지 앎의 교과서와 성전의 권위까지 모조리 무너뜨리기 전에는 어떤 해답도 주어지지 않습니다. 마지막까지 아끼고 보존하고 싶은 의지처마저 박차고 나왔을 때 선문답은 그 정체를 드러냅니다. 그렇게 하는 방법은 무엇일까요?

어떤 문제가 되었건 척척 해답을 주는 책은 선의 언어를 이해하는 길잡이가 되지 못합니다. 하나의 선어를 보고나서 애써 결말을 지으려는 태도는 그 진실을 드러내는 데 효과적이지 못합니다. 선문답의 난관들을 수험생 같은 태도로 대결하려 들지 마십시오. 선문답에 관한 한 그렇게 이끌어가며 확신을 주려는 무리들은 무식쟁이라고 낙인을 찍어도 무방합니다. 또한 선문답에 대하여 근거 없이 비꼬며 함께할 떼거리를 불러 모으는 사람들은 뼛속까지 사기꾼이니 현실에서도 주의를 요합니다.

선문답을 배워서는 아무런 이득도 생기지 않습니다. 지성을 쌓는데도 도움이 되지 않습니다. 오히려 저도 모르게 오랫동안 간직한 갖가지 지식에 흠집이 날 수도 있고 어디선가 손실을 볼 수도 있습니다. 그러나 그만큼 짓눌린 굴레를 벗고 자유로운 마음으로 자기만의 목소리를 낼 수 있을 것입니다.

이제 6조가 남긴 선문답의 세계로 안내해 드리겠습니다. 가능한 한 필자의 말을 자제하고 후대 선사들의 평가를 통하여 그 의미를 전해 드리겠습니다.

1. 혜능은 불법을 모른다

어떤 학인이 6조 혜능에게 물었습니다.

"5조 홍인의 뜻은 어떤 사람이 얻었습니까?"

"불법을 아는 사람이 얻었겠지."

"화상께서는 얻었습니까?"

"나는 얻지 못했다."

"스님께서는 어째서 얻지 못했습니까?"

"나는 불법을 모르기 때문이다."

6조가 불법을 모른다고 한 말을 누가 믿을까요? 그러나 그는 분명히 그렇게 말했습니다. 무슨 뜻일까요? 선종의 대표적인 조사인 그가 불법을 모른다고 한다면 아무도 수긍하지 않을 것입니다. 혹 '모른다'는 그 말은 망상이 전혀 없다는 뜻을 역설적으로 드러낸 것일까요? 과연 6조가 그러한 뜻을 감추어 두었을까요? 그렇지 않습니다. 일단 모른다고 한 말 자체로 받아들여야 합니다. '안다'의 반대말로도, 더 깊은 뜻이 숨어 있는 말로도 짐작하면 안 됩니다. 모른다는 말은 모른다는 바로 그 말일 뿐입니다.

불법을 모른다는 말 이상 덧붙이거나 뺄 그 어떤 뜻도 없습니다. 그것이 선사의 말이 지니고 있는 특징이며, 이러한 말을 화두라 합니다. 무분별이라거나 '망상이 없다'라는 식으로 그 말을 푼다면 얼마나 싱겁고 가볍게 해결되겠습니까? 하지만 그런 방식으로는 결코 화두의 진실과 가까워지지 못합니다. 선사는 그렇게 분석하고 따질 수 있는 여지를 남기는 말을 던지지는 않습니다. 모른다는 그 말을 참견하지 말고 일단 그대로 두십시오.

후대의 원오(圜悟)선사는 이 문답에 대하여 "잎 지건 꽃 피건 그대로 둘 일이니, 봄 추운지 가을 더운지 묻지 마라"는 구절의 게송을 남겼습니다.

우리의 힘으로 조작하지 않아도 피고 지는 자연 현상처럼 그대로 두라고 합니다. 오로지 "불법을 모른다"라는 한 구절로 근본을 모두 드러내었으니 다른 일은 물을 필요도 없다는 뜻입니다. 단순하지만 어떻게도 운신할 틈이 없는 한 구절 그대로 대결할 도리밖에 없습니다.

이것을 후대 간화선에서는 관문이라 합니다. 반드시 통과해야 목적지에 도달하지만 갖가지 분별 수단을 모조리 빼앗긴 상태에서 단단히 잠긴 그 빗장을 풀어야 하는 관문인 것입니다.

이 문답은 달마대사가 양나라 무제로부터 "짐 앞에 있는 자는 누구요?"라는 질문을 받고 "모르겠소〔不識〕"라고 한 대답과 하나의 짝이 된 화두로 유명하기도 합니다.

두 조사가 모두 모른다고 했지만, 모두들 "나는 이것을 안다", "나는 저것을 안다"라고들 하며, 본성이 어쩌고 선이 어쩌고 떠들어댑니다. 그것은 불법을 이론적으로 접근하는 사람들의 말에 불과합니다. 외마디 울림에도 자신의 속뜻을 모두 담아내는 선사의 속성에는 어울리지 않습니다. 또한 그 진실을 밝혀내는 방법으로 보아도 너무 멀리 벗어났습니다.

그러나 모른다는 이 말과 안다는 말이 전혀 반대되는 뜻이라고 여겨서도 안 됩니다. 여기서 정신을 차려야 합니다. 이 두 가지를 함께 거론한다고 하여 혼동을 일으키거나 이상하게 여겨서도 안 됩니다. 여기서 우리는 이 두 선사가 가리키는 본래의 뜻을 포착해야 하기 때문입니다. 간화선의 실마리를 보이기 시작한 오조법연(五祖法演)은 이 두 선사의 말에 대하여 진실(實)이 아닌 헛말(虛)이라고 평가했습니다. 이 평가에 대하여 약간의 인내심을 가지고 따라오시기 바랍니다.

헛말이라면 현혹되어서는 안 되겠지요. 그것에 얽혀들어 속임을 당하지 말고 부수어야 합니다. 6조의 말 자체가 마음속에 대단한 것으로 자리잡지 않고 산산조각이 난다면, 6조의 가르침에 보답하게 됩니다. 안다는 말이나 모른다는 말이나 선사들은 그때마다 하나의 헛말로서 던져놓고 우리를 테스트합니다.

그래서 열재거사(悅齋居士)는 6조의 숨은 뜻을 포착하고서 "불법을 안다 해도 모른다 해도, 망치질 한 번에 가루로 부수리라"고 읊었던 것입니다.

6조가 진실로 우리에게 간절하게 바라던 요구는 자신의 말에 따라 무엇인가 얻도록 했던 것이 아니라 망치 하나 들고 당당하게 나타나는 대장부의 기상이었습니다. 그 어떤 말도 들어설 여지가 없는 철벽과 같이 우뚝 서서 먼지 하나라도 끼어들면 허공도 뒤집어 엎겠다는 메시지를 전한 것입니다.

물초대관(物初大觀)은 "고소한 우유와 죽음에 이르는 독약이 오간다. 마치 손바닥을 뒤집어 비를 내렸다가 다시 반대로 뒤집어 구름을 일으키는 듯하다. 이처럼 두 가지가 서로 뒤바뀌지만 우리의 역량을 벗어난 문제는 아니다. 여러분은 6조대사의 의중을 알고자 하는가? 빈곤은 부자가 되는 매개체이니라"고 하였습니다.

"모른다"고 한 말을 '무분별'의 경지라고 생각하면서 맛있고 달콤하다고 여기면 독약으로 변하여 지혜의 생명을 죽입니다. 이는 분별도 무분별도 모조리 쳐부수는 헛말이기 때문에 어떤 언어의 틀에도 담지 못합니다. 혜능이 고의로 우리를 속이고 반응을 엿보기 위해 던진 독약과 같은 말이라고 여기고 외면해 버려도 안 됩니다. 이 또한 그 간명하고 친절한 가르침을 등지는 결과가 되고 맙니다.

조선시대의 기화(己和)선사는 이렇게 말합니다.

"낱낱의 존재에 나타나고, 사물 하나하나에서 분명할진대 혜능은 어떤 까닭으로 '나는 불법을 모른다'고 말했을까? 눈썹 아래 두 눈이 있는 것은 지극히 분명한 사실이다. 돌이켜 눈동자를 관찰해 보라. 어떤 모양을 하고 있는가?"

기화는 잠깐 눈길을 돌리기만 하면 보이는 분명한 사실이라고 했습니다. 불법을 모른다는 말은 지극히 분명하게 드러나 있기 때문에 도리어 알아차리는 데 느릴 수 있습니다. 우선 "모른다"라고 한 말을 분명하게 받아들이시기 바랍니다. 자칫 머뭇거리며 헤아리면 사족이 붙을 수 있습니다.

2. 6조의 형상을 빚다

소상(塑像)을 만드는 데 능한 방변(方辯)이라는 스님이 6조를 친견하러 찾아왔습니다. 진흙으로 반죽하여 빚어낸 여러 가지 형상을 소상이라 합니다. 그는 평소에 불상이나 나한상 또는 조사상 등을 빚으며 수행의 방편으로 삼았습니다. 6조가 그에게 물었습니다.

"어떤 업을 익혔는가?"

"소상을 잘 빚습니다."

"소상을 한번 만들어 보거라."

방변이 6조의 자태를 소상으로 빚었는데, 7촌 크기에 미세한 부분까지 자세히 다 묘사하여 바쳤습니다. 그것을 보고 6조가 말했습니다.

"그대는 소성(塑性)은 잘 알지만, 불성(佛性)은 잘 모르는구나."

소성이란 소상을 빚는 기교나 그 본질을 말합니다. 이것을 불성과 대칭시켜 하나의 화두로 던졌습니다. 소상을 잘 빚어 외양만 정밀하게 묘사할 줄만 알 뿐, 어떤 형상이나 말로도 나타낼 수 없는 불성을 모른다는 뜻입니다. 6조가 표면적으로 드러낸 의미는 그것입니다. 이것이 이 문답의 정확한 해설일까요? 그렇지 않습니다. 이렇게 아무런 묘미도 없는 말에 불과하다면 왕초보에게도 비웃음을 당할 것입니다.

어떤 사람은 "소성은 소성 그대로 불성은 불성 그대로 제각각 온전하다"라고 말합니다. 또 다른 사람은 "소성은 불성과 다르지 않다. 소성을 잘 드러내면 불성도 그것을 통하여 자신을 보여 준다"라고 주장합니다.

그러나 이러한 이들은 6조가 불성과 소성을 하나의 짝으로 드러낸 의중을 전혀 모르고 있습니다. 6조는 소상을 잘 만들어 내는 방변에게 소성과 불성 그리고 '안다' '모른다' 등의 대립되는 틀을 설정해 주고 테스트하고 있습니다. 그가 소성에도 불성에도 얽매이지 않고 한 마디 되돌려 줄 것을 기대했던 것입니다.

6조는 우리 모두에게 있는 불성이라는 생각도 진흙을 반죽하듯이 짓이겼습니다. 진실에 뿌리를 내리고 보면 소성과 마찬가지로 불성도 소용에 닿는 수단이 아닙니다. 불성을 모른다면 당연히 도달하지 못하겠지만, 알았다고 해도 6조는 허용하지 않았을 것이기 때문입니다.

불성과 소성, 이 대립의 두 날개는 평등합니다. 어느 편을 들어서도 6조의 속셈을 알아맞힐 수 없습니다. 그렇다고 해서 두 날개를 모두 떠나서도 허공을 비상하지 못합니다. 이도 아니고 저도 아니라면 어쩌라는 말일까요? "이것이냐, 저것이냐?" 바로 이 의심만 남고 모두 떨어져 나가 막막하다면 '마음의 길이 끊어졌다'라고 합니다. 이렇게 맞닥뜨린 궁지는 좋은 소식이 올 조짐입니다.

3. 계급에 떨어지지 않다

청원행사(靑原行思)가 6조 혜능에게 물었습니다.

"어떻게 힘을 써야 계급에 떨어지지 않습니까?"

"지금껏 어떤 수행을 해왔는가?"

"근본 진리조차도 행하지 않았습니다."

"어떤 계급에 떨어졌는가?"

"근본 진리도 행하지 않았거늘 무슨 계급이 있겠습니까?"

6조가 그를 큰 그릇으로 여겼습니다.

계급이란 수행의 점차적 단계를 말합니다. 그것은 계단이나 사다리와 같습니다. 한 계단씩 점차로 밟아 오르다가 정상에 도달하는 수단이 계급입니다. 그것은 수행의 방편을 나타냅니다. 계급에 떨어지지 않는다는 말은 점차로 향상되는 방편을 부정하는 뜻이 담겨 있습니다. 다름 아닌 점수를 가리킵니다. 청원은 6조와 방편에 의존하지 않고 성취하는 돈오에 대하여 문답을 나누고 있는 것입니다.

스승은 곧바로 근본을 제시하고 제자는 그 즉시 그것과 마주치는 방식이 돈오입니다. 돈오법에는 주는 사람이나 받는 사람이나 절차와 단계에 의존하는 수단이 전혀 없습니다. 여기서 점차적 단계란 무엇을 말할까요? 말과 분별로 짜여진 갖가지 생각의 틀이 그것입니다. 이에 입각하면 가르침을 주는 사람도 받는 사람도 그 틀을 모조리 빼앗긴 상태에 놓이게 됩니다. 백척간두라는 정상에 올라갔지만 사다리나 계단을 타고 오르지 않은 것입니다. 그렇다면 여기서 어떻게 운신해야 할까요? 6조는 말합니다.

생각하고 헤아리는 방법은 마음을 쓰는 데 맞지 않다.
견성한 사람은 말이 떨어지자마자 곧바로 알아차린다.

이와 같은 자라면, 칼을 휘두르며 전장에 뛰어들더라도 알아차릴 수 있다.

    견성한 사람은 생각하고 헤아려 진실과 부합하려 하지 않습니다. 그것은 벌써 계급에 떨어졌다는 증거인 것입니다. 한편에서는 곧바로 근본과 마주치도록 유도하고, 다른 한편에서는 그에 맞도록 반응합니다. 이것이 이전에 말한 혜(慧)의 작용입니다. 눈앞에서 적의 칼날과 자신의 칼날이 번득이며 부딪히는 순간입니다. 어디를 찌르고 어디로 피할지 좀더 나은 생각을 짜낼 겨를이 없습니다. 생각할 틈도 없이 즉각 움직이지 않으면 목숨이 위태롭기 때문입니다.

    점차적으로 향상하는 어떤 수단도 용납하지 않기 때문에 '근본 진리'는 미래에 도달할 목적지가 아닙니다. 처음이 그것이고 마지막도 그것일 뿐입니다. 계급이 없다는 청원의 말은 이 뜻이었습니다. 조사선의 문답이나 간화선의 화두는 이 맥락에서 벗어나지 않습니다.

    진실을 몸으로 써먹고 있는 사람에게는 디디고 올라갈 계단도 없고 도달할 진실도 없습니다. 밀암함걸(密庵咸傑)은 사다리 없는 돈오를 이렇게 말합니다. "조사 문하에서는 곧바로 군더더기 없는 핵심에 이른다. 단계를 밟아 올라가지 않고 서 있는 그 자리에서 곧바로 부처가 되는 것이다."
서 있는 그 자리가 부처의 자리라면 타고 오를 계단은 불필요합니다. 6조가 견성한 돈오의 방식과 다르지 않습니다.

보감법달(寶鑑法達)은 계급에 떨어지지 않는 경지에 대하여 "밀랍 인형이 불 속에 들어간다"라고 말했습니다. 밀랍 인형이라면 불 속으로 들어가자마자 녹아 버릴 일은 자명합니다. 인형은 흔적도 남기지 않고 불 속에서 사라지겠지요.

이와 같이 그 뒤로 어떤 소식도 없어 더듬을 자취가 조금도 남아 있지 않은 현상을 선가에서는 무소식이라 합니다. 이와 마찬가지로 단계를 밟지 않는 경지에는 전할 소식이 남아 있지 않습니다. 모든 유형의 수행 단계가 사라져 아득해진 그곳, 아무리 기다려도 더 이상 디디고 올라갈 계단이 없는 그곳, 여기가 바로 무소식과 희소식이 하나가 된 은산철벽입니다.

단계도 진리도 없는 무소식의 소식을 전한 청원행사는 남악회양(南嶽懷讓)과 함께 6조로부터 배출된 가장 뛰어난 제자라 평가합니다.

4. 하루만 묵었다 가거라

현각(玄覺)이 6조를 친견하러 왔습니다. 6조가 정좌하고 앉아 있는데, 현각이 6조의 주위를 세 바퀴 돌았습니다. 그런 다음 주장자를 휘두르고 꼿꼿이 서 있었습니다.

우선 여기까지의 장면을 잠깐 살펴보겠습니다. 학인이 배움을 청하러 찾아오면 예의를 갖추고 맞이하는 것이 보통입니다. 6조도 그러한 상식을 따랐던 것인데, 학인의 입장인 현각이야 말할 여지도 없을 것입니다. 6조의 주위를 도는 행위는 존자에 대한 예를 표하는 방식 중 하나입니다. 하지만 보통은 삼배를 올린 뒤에 이루어지는 법입니다. 현각은 절을 생략한 채 꼿꼿이 서서 끝내 고개도 까딱하지 않고 거만한 태도로 일관했던 것입니다. 그의 머릿속에는 무엇이 그다지도 급하고 중요하게 자리잡고 있었을까요?

6조가 말했습니다.

"수행자란 3천 가지 바른 자세와 8만 가지 세밀한 행위를 갖추어야 한다. 그렇거늘 대덕은 어디서 공부했기에 이렇게 큰 아만을 부리고 있는가!"

"태어남과 죽음을 반복하는 현실〔生死〕이 가장 중요한

일인데, 매 순간 덧없고도 신속하게 지나갑니다."

생사(生死)를 거듭하며 윤회하는 길에서 벗어나는 일을 일대사(一大事)라고 합니다. 유일하고 근본적인 일이라는 뜻입니다. 현각은 무엇보다 다급한 일대사를 해결할 안목이 6조에게 없으면 절을 올릴 까닭도 없다고 여겼던 것입니다. 6조가 아만을 부린다고 질책했던 말은 그를 가만히 떠본 것입니다. 현각은 흔들리지 않고 일대사로 맞설 뿐이었기에 6조도 다시 자세를 바꾸었습니다.

6조가 말했습니다.

"어찌 생성도 소멸도 없는 도리를 깨우쳐 신속함조차 없음을 알아차리지 못했는가?"

"알아차리고 보니 생성도 소멸도 없고, 막힘없이 깨닫고 보니 본래 신속함도 없었습니다."

"옳다, 그대 말이 옳다!"

이렇게 혜능이 인정해 주자 현각은 마침내 정식으로 예의를 갖추고 절을 올렸습니다. 그러고는 잠깐 사이에 하직 인사를 올렸습니다.

여기까지는 서로 가볍게 의중을 타진한 정도에 그칩니다. 양측 모두 태어남과 죽음의 현실에 대하여 생성도 소멸도 없고 신속함도 없다는 이치로 해결책을 내어놓았습니다. 6조는 조금 날카로운 화살을 쏘아 볼 차례라고 느꼈습니다.

6조가 말했습니다.

"이렇게도 빨리 돌아가는가?"

오기가 무섭게 하직 인사를 올린 현각에게 '빠르다' '느리다'라는 함정을 파놓고 빠뜨려 보려 했던 것입니다.

"본래 움직이지 않거늘 어찌 신속함인들 있겠습니까?"

6조가 '빨리 돌아간다'라는 말로 쳐놓은 그물을 '움직이지 않는다'는 가위로 자른 격입니다.

"움직이지 않음은 누가 아는가?"

"스님께서 스스로 분별을 일으키신 것일 뿐입니다."

"그대는 생성도 소멸도 없다는 뜻을 깊이 터득했구나!"

"생멸이 없는데 어찌 뜻인들 있겠습니까?"

6조가 던진 한 꼬투리의 말에도 걸려들지 않고 깨끗이 벗어나는 면모입니다. 뚜렷하게 깨어 속박되지 않는 의식이 엿보입니다.

"뜻이 없다면 누가 분별한단 말인가?"

"분별 또한 뜻이 아닙니다."

"훌륭하다! 하룻밤이라도 좀 묵었다 가거라."

그 뒤, 하루 묵었다〔一宿〕 떠난 깨달은 자〔覺〕라는 뜻에서 그는 일숙각(一宿覺)이라 불렸습니다.

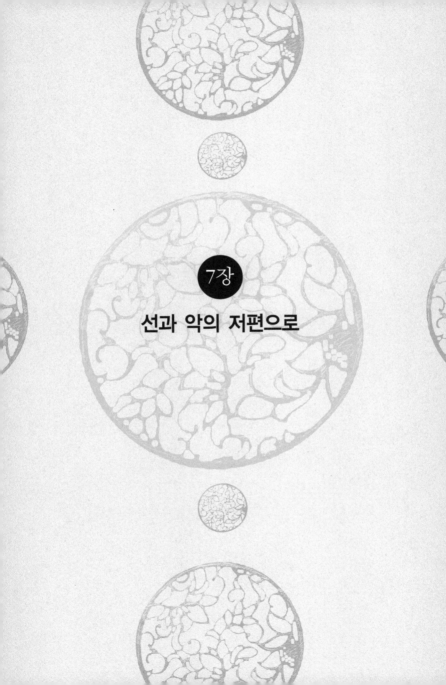

7장

선과 악의 저편으로

《육조단경》에는 6조의 마지막 모습을 간명하게 보여줍니다.

　6조는 평생을 마무리하고 육신과 마음의 뿌리로 돌아가기에 앞서 제자들에게 말했습니다.

　"나는 신주(新州)로 돌아가고자 하니, 너희들은 속히 배를 손질하도록 하여라."

　대중들이 더 머물러 달라고 간곡하게 청하자 6조는 이렇게 말했습니다.

　"모든 부처님들께서 세상에 나타나신 순간 열반을 보이신 것과 같다. 오는 일이 있으면 반드시 떠나게 되어 있는 것은 이치상 그럴 수밖에 없다. 나의 이 육신도 반드시 돌아갈 곳이 있는 법이다."

"스님께서 지금 떠나시면 언제 돌아오십니까?"

"잎이 떨어져 뿌리로 돌아가듯이, 돌아올 때는 입이 없으리라."

신주는 혜능이 태어나서 출가하기 이전까지 살았던 고향입니다. 그것은 자신의 본래면목이 간직되어 있는 근원입니다. 그 동안 이 말 저 말 수많은 법문을 제자들에게 들려주었지만 다시 돌아와도 말할 입이 없을 것이라고 했습니다. 부처님들이 중생을 구제하고자 세상에 나타나셔서 교설을 펼쳤던 순간마다 열반의 진실을 보였던 것과 같습니다. 언제나 열반의 침묵 속에서 목소리를 퍼뜨렸던 것입니다.

성인들에게 언어와 침묵은 다르지 않습니다. 6조 또한 아무리 말을 해도 고요한 침묵의 지반을 떠나지 않았고, 고요함 속에서도 항상 무엇인가를 전하고 있었습니다. 사람들의 특징에 따라 다른 방편을 구사해야 하기에 언어를 많이 빌려 쓰게 되지만, 침묵으로 전할 수밖에 없거나 그것으로 통하는 사람을 만나면 입을 다물었던 것입니다.

각운(覺雲)은 6조의 이 말에 대하여 "많은 부분은 조금 덧붙이고 적은 부분은 조금 덜어내라는 뜻이다"라고 풀었는데, 이 뜻을 이해하는 묘미가 보입니다. 보통은 많은 부분을 덜어내고 모자라는 부분을 덧붙여 중도를 이룬다고 합니다. 각운은 이를 거꾸로 활용하여 6조의 의중을 밝히고 있습니다. 많은 부분은 철저하게 많은 그대로 두고 적은 부분은 적은 그대로 두라는 의미가 됩니다. 말과 침묵, 두 가지가 모두 그 자체로 어긋나지 않기 때문입니다.

6조는 슬퍼하는 제자들에게 임종의 게송을 남겼습니다.

꼿꼿하게 자리 지켰으나 선도 닦지 않았고
활발하게 바삐 살았으나 악도 짓지 않았다.
고요하다 고요하여 보거나 듣는 것 없었고
드넓게 열고 맞이했지만 맘엔 걸림 없었다.

兀兀不修善 騰騰不造惡
寂寂斷見聞 蕩蕩心無著

닦을 선이 남아 있다면 아직 단계를 밟아 올라가는 도중에 있다는 의미입니다. 돈오견성을 성취한 이후 6조에게는 성인의 경지에 대한 열망은 더 이상 남아 있지 않았습니다. 행자시절부터 쉴 틈 없이 발밑의 상황과 맞부딪혔지만 어떤 악에도 물든 적이 없었습니다. 범부의 일조차도 그에게는 돈오견성을 전개하는 길이었을 뿐입니다.

선도 악도 허공을 쳐부수어 조각내려는 듯한 시도와 같이 허망합니다. 6조는 그러한 허공과 같은 진실을 나날이 실현해 보였습니다. 아무리 보거나 들어도 고요한 그 자리는 흔들리지 않았고, 이미 선악의 저편에 있었기에 선이건 악이건 아무리 받아들여도 채우지는 못합니다.

게송을 읊고 나서 밤이 늦도록 반듯하게 앉아 있다가 이윽고 "나는 간다!"라고 말한 뒤 문득 입적했습니다. 이때가 6조 혜능의 세수 76세였습니다.

김영욱

고려대학교 대학원 졸업. 〈壇經 선사상의 연구〉로 박사학위 취득. 〈간화선 참구의 실제〉, 〈단경은 어떻게 번역되어야 하는가〉, 〈선문답의 장치와 해체〉, 〈한국 간화선의 개화〉 등의 논문과, 《정선 선어록》, 《정선 공안집》, 《진각국사어록 역해1》, 《화두를 만나다》 등의 저·역서가 있음. 현재 가산불교문화연구원 책임연구원으로 재직 중.

왕초보, 육조단경박사 되다

초판 1쇄 인쇄 │ 2010년 12월 10일
초판 1쇄 발행 │ 2010년 12월 15일

글쓴이 │ 김영욱
펴낸이 │ 윤재승
펴낸곳 │ 민족사

등록 │ 1980년 5월 9일(등록 제1-149호)
주소 │ 서울시 종로구 수송동 58번지 두산위브파빌리온 1131호
전화 │ 02)732-2403~4
팩스 │ 02)739-7565
E-mail │ minjoksa@chol.com
홈페이지 │ www.minjoksa.org

ISBN 978-89-7009-429-8   03220